映画を観ることは社会を知ることだ

「愛と怒りと闘い」の記録

山田和秋

明石書店

まえがき

本書の執筆がほとんど終わりかけた一月中旬、日本でも新型コロナウイルスに関するニュースが大きく報じられるようになった。

その後の経過はマスコミで報道されている通りだ。「緊急事態宣言」が発令され、感染が拡大するにつれ、混乱や不安が増幅された。これによって、政府は、国民の基本的な権利である集会や表現、移動の自由などを抑えようとした。結果、日本は今、本書が目指した方向とは真逆に進行しているかのようだ。

そうしたなかで、第2章（「コスタリカの奇跡」）で紹介した国、コスタリカの対応は素晴らしい。三月六日、初めて新型コロナウィルスの感染が確認された後、同国のカルロス・アルバラト大統領（四〇歳）はほぼ毎日声明を出した。国民に向かって「団結すれば、コスタリカは今より強くなれる」と、医療・生活・経済の三つの挑戦を自分の言葉で呼びかけた。

陣頭指揮するサラス保健相は、東北大学にも留学した医学博士で、昼夜を問わず記者会見を繰り返し、予防法症例の現状と結果を細かく知らせた（伊藤千尋氏）。

「日本人は国民の健康より経済を心配する」。在コスタリカの原田信也氏によれば、国民の幸福度が世界一といわれるコスタリカと日本の違いは、政府と国民の距離の差だという。

とはいえ、幸福度の世界一ではフィンランドも負けていない。本文では紹介していないが、『フィンランド人はなぜ午後四時に仕事が終わるのか』（堀内都喜子著）も参考にしてほしい。何せ、有給休暇消化率は一〇〇％、一人当たりのGDPは日本の一・二五倍、在宅勤務は三割に上るという。

奇しくもコロナ問題と重なり、私がこの本を通して読者に伝えたかったことがより鮮明に見えてきたように思う。いま、世界で起きていることは、人間の幸福や健康を犠牲にして、ひたすら経済を追い求めてきた結果である。その意味から、本書で紹介した作品のそれぞれが、私たちに訴え、多くの警鐘を鳴らしているように思う。

例えば「乱世備忘」の節でも取り上げたが、香港の人びとは決して諦めることなく、自分たちの主張を貫き、全力でぶつかり、行動している。一時的に武力で抑えられたように見えても、最近の全人代（中国全国人民代表大会）による「香港国家安全法」の制定に対するデモにおけるように、彼らは命がけで闘っている。

本書で私は、戦争に突き進んだ過去への深い反省から、新しい社会創造を生むことを願い、さまざまな映画を紹介しようと思う。各章でまとめたように、どのテーマも無視できない問題を孕んでいる。これらの問題を、映画とともに考えてもらえれば幸いだ。

なお、古くから現代まで、本書で扱った作品のほとんどは、ＤＶＤでいつでも好きな時に、何回も観ることができる。私も映画の奥深さや美しさ、訴求力に感動しながら、繰り返し鑑賞している。

映画を観ることは社会を知ることだ
——「愛と怒りと闘い」の記録

目次

第1章　戦争

美術品をめぐる最大のスキャンダル

「黄金のアデーレ 名画の帰還」

ナチスに奪われたクリムトを取り戻す

グスタフ・クリムトは、一九〇七年にウィーンで『黄金のアデーレ』を描き上げた。アデーレ・ブロッホ＝バウアーのこの肖像画は、ナチスによってユダヤ人の所有物が略奪されるまで、アデーレの家族のものだった。

戦後、返還を求める遺族たちの努力はすべて失敗に帰する。遺族たちの返還要求は、何十年にもわたってオーストリアの公的機関によって拒絶されてきた。が、アメリカに亡命し、高齢に達したアデーレの姪、マリア・アルトマンは、アメリカの最高裁判所にオーストリア国家を訴える決心をした。

しかし、オーストリア政府は、国家の治外法権を主張して異議申し立てをした。主権国家を訴えるなどということは国際法上ほとんど不可能だった。

二〇〇一年、ロスアンゼルスの裁判所がオーストリア政府の論拠を退け、訴訟を認めたことは大きな驚きで迎えられた。

この時点から、オーストリア国家がアメリカ合衆国の法廷で裁かれることが許されるかを巡って、両国の間で大規模な法律論争が起こり、相互に反論し合う「いたちごっこ」が何年も続いた。

二〇〇二年、「控訴審裁判所」がオーストリアの異議申し立てを却下し、アメリカ合衆国で裁判をするゴーサインを出すことになった。

これは、国際的影響力を持つ重要な段階的勝利だった。

マリア・アルトマンの叔母にあたる肖像画のモデル『アデーレ・ブロッホ＝バウアー』の絵は、一九〇八年の「ウィーン芸術展」であっという間に街の話題になった。

例えば、作家のペーター・アルテンベルクは「この女性の肖像画は、自然そのものの繊細なロマンティシズムの究極の作品のようです。詩人たちが夢想するように、その繊細な決して鳴りやむことなく、決して救済されることもないやさしい感激のため、華奢で気品のある体つきで、壊れそうな創造物！」といった。

これほど評価を受けた「黄金のアデーレ」は、ナチスの崩壊後、オーストリア政府の手に渡ったが、所有者に返還されることのない不正が長い間続いたというセンセーショナルな話でもある。

一九三三年から四五年までの間、六〇万点以上の重要な美術品がナチスによって略奪されたと「ニューヨーク・タイムズ」は見積もっていた。

しかし、実際には財産を剥奪された人たちの多くはもう生きていなかった。

その意味で、マリア・アルトマン（このとき、八三歳）と若い弁護士ランドル・シェーンベルクの闘いの勝利は、画期的な出来事だった。

今は、二〇〇一年にニューヨークにオープンした「ノイエ・ギャラリー」（新美術館）で、シーレやココシュカといったウィーン時代の昔馴じみの画家たちに囲まれて、まさにアデーレの絵にふさわしい場所に展示されている。

「私は、正義は必ず実現するという希望をいつも抱いていました。そしてその通りのことが、実際に起こったのです」（マリア・アルトマン）。

映画「黄金のアデーレ 名画の帰還」（二〇一五年／アメリカ・イギリス）
DVD販売元：ギャガ（二〇一六年発売）
監督：サイモン・カーティス
原作：エリザベート・ザントマン（長年、ナチスに奪われた美術品の元の所有者への返還問題に関心を抱いてきた。出版業に関する職業教育を受けた後、ボン大学とオクスフォード大学で美術史と比較文学を学び、ジョージ・バーナード・ショーに関する論文で博士号を得た）
出演：ヘレン・ミレン、ライアン・レイノルズ、ダニエル・ブリュール、ケイティ・ホームズ　他

ホロコーストを免れ、生き延びたユダヤ人

「ヒトラーを欺いた黄色い星」

一五〇〇人が生きた衝撃的史実

第二次世界大戦下の一九四一年から一九四五年にかけて、ナチスに虐殺されたユダヤ人は六〇〇万人といわれる。

ドイツ系ユダヤ人（一七万人）の国外移住は禁じられ、違法ルートでの脱出もほぼ不可能だった。一九四三年六月一九日、ナチス宣伝相ヨーゼフ・ゲッペルスは、ドイツのユダヤ人を一掃したと宣言した。

しかし、実際には七〇〇〇人のユダヤ人が市内に潜伏し、うち一五〇〇人は終戦まで生き延びた。

この映画は、ゲシュタポの手入れや密告者の目をすり抜け、身分を隠し、戦火のなかを住まいや食料を確保しながら生きた人たちの物語だ。

生還した人たちへのインタビューに基づいて、綿密な調査を経た、四つのサヴァイヴァルストーリーだ。

潜伏時、若者たちは一六歳から二〇歳だった。ある者は、大胆にもドイツ兵になりすまし、仲間の救出に向かう。ある者は、同じユダヤ人の命を救うため、身分証の偽造に携わった。

家族と離ればなれになり、いつゲシュタポに逮捕されるかわからない不安な日々のなかで、彼らは主に深夜（昼間は人目につきやすい）活動し、ベルリンの街を飢えや寒さと孤独感にさいなまれながら逃げ延びる。

最後まで希望を失わず、知恵と勇気を持って行動する。また、自らの危険をかえりみず、彼らユダヤ人たちに救いの手を差しのべる善良なベルリン市民の英雄的行為にも光があてられる。ときに戦時下のベルリンの街を撮影した記録映像を挿入し、ドキュメンタリーとしてのリアル感を出している。


ゲットー隔離、強制収容所送り、絶滅収容所における大量虐殺

私自身、一〇年前にアウシュビッツを訪れたとき、ガス室や処刑場を実際に見て、背筋の凍るような思いをしたことを覚えている。

ソ連軍がベルリンに進出した際に、地下壕に潜んでいたユダヤ人が地上に現れてソ連人と対峙するシーンは、胸が熱くなる。

ドイツ兵と間違えられたユダヤ人が、ソ連兵から「ユダヤ人なら礼拝の言葉を唱えてみろ」と言われ、「私たちもまた父祖の人生を通してあなたの真理を輝かせるすべての源である無限の存在であり、畏敬に満ち、意識や理解を超える神であるあなたに向かって手を差しのべます」と言う。

この言葉を聞いたソ連兵はいきなり彼を抱きしめる。ソ連兵もユダヤ人だったのだ。

最後に、映画のような恐怖下で戦ったドイツ市民と、戦時下の日本市民との違いを考えるべきか。治安維持法のもと、命を賭して戦った日本人も大勢いたが、大半の日本人は、いまだに贖罪の自覚を持っていないのではないだろうか。

映画「ヒトラーを欺いた黄色い星」（二〇一七年／ドイツ）
DVD販売元：アルバトロス（二〇一九年発売）
監督：クラウス・レーフレ
出演：マックス・マウフ、アリス・ドワイヤー、ルビー・O・フィー、アーロン・アルタラス、フローリアン・ルーカス　他

ナチス将校になりすました脱走兵

「ちいさな独裁者」

実在した男の驚愕物語

第二次世界大戦末期のドイツ。

「借り物」の軍服によって大尉を騙った脱走兵の実話。ロベルト・シュヴェンケ監督は、一〇年のリサーチを経て、これを劇映画化した。

「国民社会主義というナチスの体制を支えていた力学とはどういうものか、自分の考えを示せるようなテーマを、ずっと探していた」。

本作は、二〇歳そこそこの脱走兵ヴィリー・ヘロルトが、憲兵隊に追われて必死に荒野を走るシーンから始まる。

辛くも逃れた後、遺棄された軍用車両に将校の軍服を見つけ、それをまとって太尉になりすます。そして、行く先々で出会った敗残兵を従え、自らの「親衛隊」を組織する。敗色濃厚になった一九四五年四月のドイツで本当に起きた事件だ。

ヘロルトは、「ヒトラー総統の命令で、多発している脱走や略奪の実情を調査している」という大義名分をでっち上げる。

実際には彼の「親衛隊」は略奪や暴行をくり返し、ついには大量殺戮にまで手を染めていくのである。

将校や官僚らを前にヘロルトの詐称がなぜ通用したのか、最初は不思議だったが、現代でもよくあることに気づかせる。

人々が、軍服とそれが象徴する権威に条件反射するからだ。

焦点の一つは、オランダ国境に近いエムスラント収容所の描写だ。

ここには、脱走や略奪を犯したドイツ兵士が収容されていた。

この収容所の所長などの犯罪管理者は司法省の職員、つまりシビリアン。それに対して、実務を取りしきるのが突撃隊（ＳＡ）。そこへやってきたヘロルトは「どうせ処刑するなら司法手続きなど省くほうが国費の節約になる」とＳＡの肩を持ち、大量殺戮にいたる。

エムストラント収容所のような事件が起きたのは、その場にいた者が、権威の尻馬に乗れば、自身「いい思い」ができるという選択をしたから。

法的な正当性を無視したヘロルトの処刑方法は、とてつもなく残虐かつ効率的だった。

あらかじめ掘らせておいた巨大な穴の中に三〇人の囚人を押し込め、機関銃による容赦ない大量殺害を実行したのだ。

シュヴェンケ監督は、ナチス将校の軍服を権力の象徴的なモチーフとして描くとともに、その魔力的なパワーにしがみついて利用する人間の醜さ、相手の人格とは関係なくそれに盲従する人間の弱さ、愚かさを生々しく映し出す。

この衝撃に満ちた映像世界は、決して遠い過去の悪夢ではない。凶行に加担した者と傍観した者、それぞれの罪を冷徹な眼差しで見つめ、現代社会への警鐘として、監督は本作を完成させたといえる。

「彼らは私たちだ。私たちは彼らだ。過去は現在なのだ」。監督のメッセージが響く。

この言葉は、まるで現在の私たち日本人に投げかけられたようにさえ思える。

戦前、戦後を通して、日本人が異なる選択肢をしていれば、歴史は変わっていたであろうし、これからも変わる可能性がある。

ヘロルトの軍服は、現在の政権やソーシャルメディアの右派ポピュリストたちと同様ではないか。

現代のパワーハラスメントにも通じる社会の闇である。

私たちの選択のあり方が問われている。

映画「ちいさな独裁者」（二〇一七年／ドイツ・フランス・ポーランド）
DVD販売元：アルバトロス（二〇一九年発売）
監督：ロベルト・シュヴェンケ
出演：マックス・フーバッヒャー、ミラン・ペシェル、フレデリック・ラウ 他

ひっくり返るのは歴史か、あなたの常識か

「主戦場」

慰安婦問題の真実とは

この映画がどうしてこんなに面白いのか？　と言うと語弊があるが、実に興味深いことは間違いない。

まず、タイトルの「主戦場」、そしてテーマは従軍慰安婦問題だという。え！　と一瞬考えこんでしまった。

出てくるわ！　櫻井よしこ、杉田水脈、ケント・ギルバート、いわゆる「ネトウヨ」たちが支持する人物たちが次々登場する。

しかも、彼らは「無防備」に警戒心もなく、「強制的『従軍慰安婦』など存在しない」という持論をとうとうと論ずる。

そして、これに対して彼らの主張を粉砕する研究者や専門家が登場する。

現実世界では決して対面することない両陣営が、一堂に会して議論を展開するストーリー。なるほど、これがミキ・デザキ監督が言いたい「主戦場」なのだ。

慰安婦問題をめぐって、複雑に絡み合いながら激しく対立する主張をぶつけ合わせ、議論の中味を見せるユニークでスタイリッシュな手法だ。

このスタイルは、本書第5章でも取り上げた映画「沈黙」とは真反対といってもいい。「沈黙」には、当事者に寄り添い、共感し、感情に訴えるドキュメンタリーとして心に響くものがあった。

一方、日系二世デザキの映画では、慰安婦本人の姿はほとんどみられない。本人の軽妙で早口のナレーション（英語）が検討資料を整理し、外部者の自分が持った疑問に対して、ひたすら事実を追求する。

YouTubeやニュース報道、議会記録などの動画を引用し、理解しやすいように工夫されてもいる。そこに一貫しているのは「真実の追求」であり、監督の執念のようなものを感じさせる。

作品の中で、慰安婦を「誰にも相手にされない、心も見た目も悪い人たちなんです」と言い切ったテキサス親父の秘書・藤木俊一に対して、杉田水脈が「奴隷だと思いますか？」とニヤリと笑う場面があった。

また、新しい歴史教科書をつくる会（当時）の藤岡信勝は「国家は謝罪しちゃいけないんですよ、国家は謝罪したら、その時点で終わりなんです」と述べる。

さらに、日本会議の加瀬英明は、「慰安婦問題についての研究の本を読んだことはない」とあっけらかんと言う。

櫻井よしこに至っては、慰安婦問題をなかったことにするには関係者から資金が提供されているんですか？　という質問に笑いながら「それはノーコメントです」と答えている。

もはや、何をか言わんやであろう。

ミキ・デザキは、アメリカで医大予科を卒業後、タイで僧侶などとして、映画監督に転身した人で、もともと、あらゆる差別には敏感で、本質的には苦しんでいる人、困っている人を助けたいと言う信念を持っている人だ。

私たちはこの映画から、日本での慰安婦問題を改めて考えなおし、民族差別、女性差別、植民地問題などにさかのぼって検討しなければならないことを痛感する。

昨年発表された「南京戦の真実を追求する会」では、この映画にも登場する杉田水脈や藤岡信勝、櫻井よしこなどが、南京大虐殺を否定する発言をしている。

彼ら歴史修正主義者は、歴史認識の問題だけでなく、レイシズム（人種差別主義）と結びついているということを忘れてはならないだろう。

映画「主戦場」（二〇一八年／アメリカ）
監督・脚本・撮影・編集・ナレーション：ミキ・デザキ（日系二世）
出演（登場順）：トニー・マラーノ（a.k.a テキサス親父）、藤木俊一（テキサス親父のマネージャー）、山本優美子（なでしこアクション）、杉田水脈（衆議院議員、自由民主党）、藤岡信勝（新しい歴史教科書をつくる会）、ケント・ギルバート（カリフォルニア州の弁護士、日本のテレビタレント）、櫻井よしこ（ジャーナリスト）、吉見義明（歴史学者）、戸塚悦朗（弁護士）、ユン・ミヒャン（韓国挺身隊問題対策協議会）、イン・ミョンオク（ナヌムの家の看護師、元慰安婦の娘）、パク・ユハ（日本文学者）、フランク・クィンテロ（元グレンデール市長）、林博史（歴史学者）、渡辺美奈（アクティブ・ミュージアム女たちの戦争と平和資料館）、エリック・マー（元サンフランシスコ市議）、中野晃一（政治学者）、イ・ナヨン（社会学者）、フィリス・キム（カリフォルニア州コリアン米国人会議）、キム・チャンロク（法学者）、阿部浩己（国際法学者）、俵義文（子どもと教科書全国ネット21）、植村隆（元朝日新聞記者）、中原道子（「戦争と女性への暴力」リサーチ・アクション・センター）、小林節（憲法学者）、松本栄好（元日本軍兵士）、加瀬英明（日本会議）他

現代に生きる川柳作家

「鶴彬《つるあきら》　こころの軌跡」

戦争に反対し命がけで闘い獄死

「手と足をもいだ丸太にしてかへし」

川柳愛好家のみならず、およそ平和を望む人たちの誰もが知っている川柳。

作者鶴彬《つるあきら》、本名喜多一二《かつじ》を主人公にした映画「鶴彬　こころの軌跡」は、鶴彬生誕一〇〇年を記念して作られた。

戦争に反対し、時勢に抗した彼の川柳はどこまでも鋭く、そして何よりも人間に対する優しさをにじませた作品群だ。

昭和の初め、軍部などを批判する川柳を次々と作ったため、特高ににらまれ、逮捕、勾留されたまま一九三八年（昭和一三年）に獄死した。二九歳で死ぬまで約九〇〇の作品を遺した鮮烈な川柳人生だ。

鶴彬のことを世に出したいと願った人たちの熱意が、映画監督・神山征二郎の心を突き動かし、彼は手弁当でメガホンをとった。

鶴彬は石川県河北郡高松町で生まれ、八歳のとき父が死亡、母は再婚したため、伯父の養子となった。

その伯父の経営する小さな織物工場が不況によって休業に追いこまれ、鶴は一時大阪で職を得たが、すぐ首になり、故郷へ帰る。

そこで、工場労働者として働き、労働組合設立に関わり、プロレタリア川柳に傾斜、全日本無産者芸術連盟（ナップ）高松支部を結成する。

この頃、社会主義者の取り締まりのため治安維持法が改正され（一九二五年）、一斉に弾圧された。一九三〇年、鶴は徴兵され、入隊するが、即重営倉に入れられる。一九三一年には第七連隊赤化事件の主犯にされ、治安維持法違反で大阪戍監獄に収監、刑期一年八ヵ月となる。

彼は資本家にも痛烈な目を向けた。

みな肺で死ぬる女工の募集札
監督に処女を捧げて歩を増され
もう綿屑で吸へない肺でクビになる
玉の井に模範女工のなれの果

これらの川柳には、貧困故に身売りする女性労働者への深い思いがこもっている。世の中にはびこる「非人間性」への怒りが多く語られるようになった。

血を咯いて坑をあがれば首を馘り
十五日経ったら死ねという手当
しもやけがわれて夜業の革命歌
食堂があっても食へぬ失業者
二本きりしかない指先の要求書

反戦川柳

俺達の血にいろどった世界地図
軍神の像の真下の失業者
横奪りをされる領土を獲って死ぬ
稼ぎ手を殺して勲章でだますなり
三・一五の恨みに涸れた乳をのみ
タマ除けを産めよ殖せよ勲章やろう
転向を拒んで妻に裏ぎられ

鶴が危篤状態になって、再婚して東京にいる実母が駆けつけたときは金ヒバシのようにやせ細った腕に太い注射針が突き刺さっていた。

意識はなかった。鶴彬は息を引きとった。

獄中では、官憲の拷問により赤痢に罹り、食べ物も喉を通らなかったという。明らかに官憲による殺人である。

映画を撮った神山さんは「日本の破滅が見えていて、『この道を行くべからず』と叫び続けた人だ」という。

こんな人がいたことを世の人に知らせたかったと。


ここからは私事になるが、筆者は鶴彬に不思議な縁を感じている。

二〇一九年、筆者の友人である乱鬼流さんに誘われて、鶴彬の墓前祭に参加するため、彼の故郷である金沢の高松を訪れた。

高松には鶴彬資料室もあり、毎年、法要を兼ねた「かほく市民川柳祭」が行われている。小・中学生から成人まで加わり、入選作の発表、表彰もある。東京からは、私たち（東京鶴彬顕彰会）五人が加わった。

ここで、筆者が会に入った理由を書きたい。昨年、息子が亡くなり、墓を住まいの近くの鎌倉建長寺、正統院樹木葬に求め、息子の遺骨を納め、私と妻もそこに入ることにした。

その時、住職が、映画にも出てくる井上剣花坊（鶴彬の川柳師匠）が書いた屏風を見せてくれた。

後五〇〇年凡駒生まれて又千里

というスケールの大きな川柳で、建長寺には他に

咳一つきこえぬ中を天皇旗

という川柳碑があること、また、すぐ裏に墓もあるという話だった。

まさか、私自身が剣花坊のすぐ近くに入ることになるとは、なんという奇遇だろう。

この出来事を友人の乱さんに話したことから、金沢行きが定まった。

乱さんたちはすでに石川県の石を碑として、東京に鶴彬（東京豊玉病院終焉の地）の顕彰碑を建立する計画を立案中であった。

今度の旅行では、その石のあったところを数ヵ所見て回り、参考にした。

その際、出生地近くにある鶴彬の句碑三ヵ所も見学できた。

枯れ芝よ団結して春を待つ　　（高松歴史公園にて）
暁を抱いて闇にねる蕾　　（金沢市卯辰山公園にて）
胎内の動き知るころ骨がつき　　（生家近くの浄専寺、九月一六日鶴彬法要にて）

浄専寺の住職は、平和と命を守るためにさまざまな活動を行っている。

戦争法の強行採決など、日本がアメリカと共に戦う道を歩もうとしている現在、戦争へと突き進む時代に対して命をかけて川柳を作った鶴彬こそ、出番であろう。

治安維持法で獄殺された鶴彬の無念を晴らすべき、行動を！

映画「鶴彬 こころの軌跡」（二〇〇九年／日本）
ＤＶＤ販売：鶴彬を顕彰する会（二〇一一年発売）
監督：神山征二郎（他の作品に、「ハチ公物語」「ひめゆりの塔」「草の乱」「遠き落日」「郡上一揆」等がある）
出演：池上リョヲマ（鶴彬）、高橋長英（井上剣花坊）、樫山文枝（信子）他

満洲に置き去りにされた、残留孤児

「嗚呼 満蒙開拓団」

祖国を見ることなく逝った開拓民

二〇〇七年一月三〇日、東京地方裁判所は、いわゆる中国「残留孤児」国家賠償関東訴訟において、国の「早期帰国実現義務」、「自立支援義務」そのものを、また原告らの請求を認めず、請求を全国的に棄却する不当な判決を言い渡した。

この映画の冒頭シーンである。

集まった原告たちを前にして、原告団長代表、池田澄江さんが呼びかける。

「皆さん怒っていませんでしたか？　この酷い判決、この最低の判決、ぜったいに許しません。私はこのような裁判官が日本にいると思ってないです。日本はどうやって美しい国になるのでしょうか？　恥ずかしいですね。本当にこのような裁判官がいる国民が恥ずかしいです。私たちは許さない。これから私は闘います。命のかぎり闘います。皆さん団結して闘いましょう」。

赤子や幼児の頃、逃走に足手まといのため、中国奥地に置き去りにされた孤児たち。

彼らが背負ってきた苦難、年老いて日本に帰国して日本語もしゃべれず、仕事もなく、ほとんどの人が生活保護を受けながら辛うじて生きているのが現状だった。

その彼らの思いに対して一顧だにしない非情で冷酷な判決。

「残留孤児」たち原告の無念さと怒りは想像にあまりあると私は思う。

日本軍は国民を救わず、見捨てたのだ。

「嗚呼 満蒙開拓団」は、歴史の舞台に上ることがなかった普通の人々の悲劇の記録である。

国策で満洲や内蒙に入植した人は二七万人におよび、そのうち八万数千人が日本に帰国できないまま、非業の死を遂げ、その遺骨の多くが彼の地に埋もれているという。

開拓団の送出は、次第に対ソ戦略のため「ソ連国境」に近づいていった。

しかも、開拓団の青壮年者の補充召集が始まり、召集年齢が一八歳から四五歳まで広げられた結果、残された開拓団は老人、女性、児童、幼児ばかりになった。

まるで、進攻するソ連軍のタマ除けのような存在ではなかったのか。

事実、最強を誇った関東軍は南方戦線に回され、敗色が濃くなると残った軍隊も開拓民を残したまま退却した。

このときから、開拓団の人々の想像を絶する苦難の逃避行が始まる。

日本でほとんど知られておらず、一例に過ぎないが、「葛根廟《かっこんびょう》事件」といわれる大惨劇があった。

興安街東部地域に在住していた日本人約一二〇〇名が逃げ遅れ、ソ連戦車軍団から一斉射撃を受け、約八〇〇名が虐殺され、約二〇〇名が自爆、服毒などで集団自殺した事件だ。

また、中国東北部では零下四〇度という酷寒と発疹チフスのため、夥しい数の婦女子が亡くなった。それも一九四六年の敗戦後のことである。

もし、日本の陸軍が残留し、正確に敗戦を開拓民に伝えていれば、どれだけ多くの人が助かったことであろうか。

日本人公墓前での黙祷　© 株式会社彼方舎

映画では、開拓団の人々が飢えと寒さで亡くなった「本部」と呼ばれた集落を訪れる場面や、方正ツアー（生き残った人や、亡くなった人たちの家族が参加）も出てくる。ツアーに参加した石原さんは、終戦当時、父親と妹が死んだときに世話になった中国人家族を探したが、見つからなかったと残念そうにいう。

「方正」には日本人の墓があるが、作られたきっかけは「日本の一般市民は軍国主義の被害者だ」と考える周恩来首相の指示によるものだそうだ。

羽田監督は、このお墓をお参りするツアーに参加して、開拓民のメンバーから、残留婦人である石原さんの話を聞いた。

「いつごろ、行かれたのですか」。

「昭和二〇年五月二六日です」。

「じゃ戦争が終わるちょっと前じゃないですか」。

残留孤児裁判で写真をもつ　© 株式会社彼方舎

「危ないからと言われれば、行きませんよ。日本は戦争に負けることはないからと政府の一言で送り出されました。敗戦を聞かされてからは、着のみ着のままで、逃げました。雨が降って、もう歩けなくなる親子もいて、若い奥さんが三、四歳の子どもを置き去りにし、人にあげたり、それが今の孤児なんですよ」。

映画にはないが、田原和夫さんによれば、ソ連国境の最前線に当時、新京中学生だった百数十名が派遣されたという。

ソ連軍が迫ってくると、逃避行が始まった。

山道を歩き、泥水をすすって歩いた末、ソ連軍の攻撃にさらされ、数多くの仲間が殺され、生き残った生徒は捕虜になり、シベリアの収容所に送られ、苦難を経験したという。

結婚前の乙女たちを「性接待役」として差し出した「黒川開拓団」の悲惨な事実など、ソ連兵から守るために、まだまだ多くの悲惨な例はある。

東洋平和、忠君愛国などもっともらしい大義名分のもと、陸海軍は統帥権をふりかざし、国民を死にいたらしめた。

そして、どんな失敗に対しても責任を回避し、自らの保身を図るという習性は、現在の政権や統治者にもつながっている。

「嗚呼満蒙開拓団」の訴えるものは現代に通じているのだ。

映画「嗚呼 満蒙開拓団」（二〇〇八年／日本）
彼方舎ＨＰ（http://kanatasha.com/?p=192）
監督・演出・ナレーション：羽田澄子
製作：工藤充
協力スタッフ：佐藤斗久枝、石井かほり
出演：残留孤児たち、その家族、現地中国人

「小林多喜二」

来るべき明日を予見しつつ激しい時代を生きたモニュメント

私にとって、わずか二九歳四ヵ月で拷問のため死んだ小林多喜二は、生涯忘れ得ぬ人の一人である。

今井正監督は、拷問の場面を中心に、軍国主義の荒れ狂う昭和初期、その嵐に抗い続け、想像を絶する厳しい弾圧の中でも、友を信じ来たるべき時代を信じ、死の瞬間までも希望に燃え、生き抜いた多喜二を作品にした。

私たちの時代、文学を志ざした者にとって、小林多喜二は避けて通れぬ人と言っても過言ではなかった。

学生時代、多喜二に思いを寄せ、共産党に入党した仲間は何人もいた。

私も当時、日本共産党には多くの疑問を持っていたが、心のどこかで多喜二の青春に憧憬を抱いていたことは確かで、そのことが入党の決断を下したような気がする。

卒業論文に「プロレタリア文学」を選んだのも、自然の成り行きだった。

学生時代、築地警察署の前に佇み、ここが多喜二の拷問にあったところかと、いささか感傷に耽ったこともある。

また、近年になって、今は亡き学生運動仲間である高橋君と北海道バイク旅行の際、多喜二が通った小樽高商（現小樽商大）や、多喜二の碑がある小樽旭展望台、勤務していた旧小樽拓殖銀行、数々の作品などを展示している小樽文学館などを訪ねたことが思い出になっている。

映画にもあるように、多喜二は秋田の貧しい農家に生まれた。彼が四歳のとき、一家は伯父のいる小樽に移住し、伯父のパン工場で働きながら勉学に励んだ。

小樽商工を卒業後、拓銀に就職、勤務のかたわら小説を書いていた。

その頃、歴史に残る悪法「治安維持法」が制定され、激しい抵抗運動が起きた。いわゆる「三・一五事件」では、一五〇〇人に及ぶ日本共産党関係者などが大弾圧によって検挙された。

また、同じ年の六月には「治安維持法の改正」で死刑や無期懲役が追加され、権力による抑圧はますます苛烈になった。

これらの動きに激しく胸を打たれた多喜二は、労働者や農民の闘争に参加し、その心情を文学で表現しようとした。

デビュー作『一九二八年三月十五日』を書き上げ、文字通り、プロレタリア作家の道を歩むことになる。

続けて、彼は『東倶知安行』を書き、『蟹工船』の執筆に入るというバイタリティに溢れた充実した作家活動に向かった。

一九二六年の蟹工船「秩父丸の遭難」や「博愛丸の虐待事件」など、この世の生き地獄と「北海タイムス」などで報道された事件が背景にあり、同時に函館で独自の調査に当たっていた乗富道夫（銀行員、労働者運動研究家）の協力があって、多喜二の代表作『蟹工船』は誕生した。

「さて新しい年がきた。……思想的に断然マルキシズムに進展していった。古川、寺田、労農党の連中を得たことは画期的なことである」。

一九二八年一月一日、多喜二は日記に書いた。

小樽高商の後輩である寺田行雄や古川友一が「三・一五」で検挙され、激しい拷問を受けた。その実態を聞いて、「このことを書かねばならぬ」と決意し、『一九二八年三月十五日』を書き進めたという。

一九三〇年三月、多喜二は銀行を依願退職させられ上京する。

プロレタリア作家として著述業に「専念」することになる。

その後、映画にあるように何回かの検挙のすえ、拷問死に至った。当時の特高による拷問は、言語に絶するほど苛烈を極めた。今井正が描いた通りの残虐さだった。

労働運動や社会運動に加わった人たちだけでなく、宗教家からリベラルな人まで、監獄に放り込まれたり、取り調べを受けたりした人は、数十万人は下らないといわれているが、多かれ少なかれ拷問や厳しい取り調べを受けた。

そして、拷問で殺された運動家や文学者は青山無名戦士の墓に合葬されたが、明らかに虐殺されたと思われる者六五人、拷問や虐待が原因で獄死したと思われる者一一四人、病気やその他不明者一五一三人という数字が残っている（松尾洋著『治安維持法――弾圧と抵抗の歴史』新日本出版社）。

以上のような歴史が物語るように、私が卒論に選んだ「プロレタリア文学」は参加した人々の規模や作品の量は世界でも類を見ないが、これを弾圧した特高などの権力側もナチスのゲシュタポと並び称されるほど凶暴だった。

ところが、ドイツとの大きな相異は戦後処理が全く違うところだ。

ドイツでは「ナチスの犯罪はとうてい許せない」として、時効なし、永久訴追を決めたが、日本では加害者である特高、警察官、軍人など直接手を下した人はもとより、背後で命令を下した人などが処分された話は寡聞にして知らない。

はっきり言えば、被害者や犠牲者の泣き寝入りの歴史ではないか。

彼らの無念はいつになったら晴れるのだろうか。

さて、ここから先は小林多喜二と私の個人的で不思議な縁というか、絆について書いてみる。

その一つは、映画では多喜二の通夜の場面で、枕下に数人の仲間たちが映っていたが、その一人、プロレタリア作家・貴司山治（一九七三年没）とは生前一度だけだが、お会いする機会があって、（私がプロレタリア文学に関心を持っていることを知った友人の紹介で）多喜二の虐殺された遺体に対面する場面の話を伺ったことがある。

「多喜二の顔色はまるで汗をかいたような青白い表情だった」と言っていた。そのことは、貴司の多喜二の虐殺を扱った小説『子』にも書かれている。

もう一つのエピソードは、以前は気がつかなくて、この原稿を書いて初めて知ったことだ。『小林多喜二とその盟友たち』（藤田廣登著、学習の友社）に出てくる意外な事実だ。というのは、小林多喜二が大熊信行に宛てた手紙（白樺文学館）が出てきたことだ。手紙は、拓銀小樽支店の用箋にしたためられたもので、二通あり、一通は自分の作品『師走』に相当自信があり、「ドストエフスキーのものばかり読もうと思っています」と結んでいる。

もう一通は「地方では刺激も浅いし、銀行という生活も随分かけ離れたものであり、……雑誌社か新聞社に職はないでしょうか」という職探しの依頼の手紙だ。

多喜二がどうして大熊信行を知っていたかというと、なんと彼は小樽商高時代の教師だったんですね。

若い新進の大熊は、感性的・倫理的な社会主義者というべき芸術観を持っていたようで、多喜二はその辺に惹かれたのかもしれない。

ところで、私は大熊の晩年、親しくしていて食事など何度も一緒したが、その頃は主として、日本の天皇制などについて彼の持論を聞く機会はあったが、迂闊にも多喜二のことは一言も話すことはなかった。

私がもう少し多喜二の小樽時代を知っていれば、詳しく聞けたのにと思うと、非常に残念で仕方ない。

当時大熊さんは、天皇制は憲法九条と矛盾すると言い、発展して国家論についてびっくりするような斬新な意見を語っていた。

「国家とはわざと戦争をする権力組織である」。

「国家は人間における支配・被支配の政治関係を枠づける機構である」。

「平和憲法を支えるには新しい国家論が必要である」。

「国家主権を否定し、国家理性を否定することによって、国家そのものを骨抜きにしてしまうこと。それが核時代に課せられた最大の課題である」。


彼の主張はすべてもっともで、現代に通じる。小林多喜二のめざした世界とある意味共通のものがあるのではないかと私は考える。

闇があるから光がある
今井正監督作品
小林多喜二

映画「小林多喜二」（一九七四年／日本）
DVD販売元：Happinet（二〇一九年発売）
監督：今井正
出演：山本圭、森幹太、北林谷栄、南清貴、中野良子　他

ホロコーストを生き延びたピアニスト

「戦場のピアニスト」

ポランスキーが全情熱を注いだ佳作

ナチスのホロコーストを生き抜いた実在のユダヤ系ピアニストの半生を描いた映画。

二〇〇二年カンヌ国際映画祭パルムドール受賞作。

正直、この作品のスケール、リアリティに圧倒された。

残念ながら、この種の映画は日本では絶対作れないと思った。

言葉の上でナチスの残虐性などについて語るのは易しいが、どのような取り扱いを受けたのか、私たちは迫害の実態をほとんど知らない。

映画を作ったロマン・ポランスキー監督自身も、ナチスから身を隠しながらもポーランドで生き延びた、迫害の体験者だ。

しかも、彼は第二次大戦中、家族と共にゲットーに移され、妊娠中の母親がアウシュビッツに送られ死亡した体験から、この映画にかける彼の気持ちは相当なものだったはずだ。

このように、「戦場のピアニスト」がいかに重要な作品なのかが、当時の映像を交えて一層深く伝わってくる。

ゲットー内での出来事など、大勢のユダヤ人が出てくるが、どうすればこんなにリアルに撮ることができるのか、ただただ感心してしまう。

一人の老人が、老婆の抱える食料の鍋を横捕りしようとして泥まみれの土に落としてしまうシーンなど、実際に存在したにちがいないような場面だ。

老人が這いつくばって、泥と一緒に食べるところは、いかに収容者たちが空腹で飢えていたかを思い知らせてくれる。

また、主人公「ウワディスワフ・シュピルマン」の一家六人が、一粒のキャラメルを六等分して皆で食べるシーンも同様だ。シュピルマンは戦前、ポーランドのラジオで毎晩ピアノを演奏する有名なピアニストだった。

その彼を知る大勢の善意の人々に助けられ、匿ってもらいながら、たった一人逃げ延びる。

その逃避行は、手に汗を握るような間一髪の連続で、最後に隠れ家でやっとの思いで一缶の食料を手にしたとき、一人のドイツ軍兵士（将校）に見つかってしまう。

しかし、この将校は彼がピアニストだと告げたとき、隠れ家にあった古いピアノの前に坐らせ、演奏させる。

久しぶりにピアノの前で動かす指先が震えていたが、やがて流暢にショパンを弾き出すと、将校は感動しながら黙って聞いた後、そのまま立ち去る。

そして数日後、彼のために食料を持って現れる。

何度かのパンやジャムの差し入れのおかげで、シュピルマンは生き延びることができた。

皮肉にも、ドイツ軍に全てを奪われた彼がドイツ兵に助けられたのだ。隠れ家の窓から、ポーランド・パルチザンとドイツ兵の戦いも見えるが、近くまで進軍しているというソ連軍はなかなかやってこない。その間に、市民のパルチザンは全滅してしまう。

最後に、ソ連軍の進入によってシュピルマンは救出される。

戦後、彼は再び元のラジオスタジオで演奏することができ、二〇〇〇年まで生き延びた。

シュピルマンは最高に幸運の持ち主だったといえる。

なお、余談かも知れないが、シュピルマンの長男クリストファー・W・A・スピルマンは、日本近代右翼思想の研究者で九州産業大学の元教授である。不思議な縁ですね。

映画「戦場のピアニスト」（二〇〇二年／フランス・ドイツ・ポーランド・イギリス）
DVD販売元：アミューズソフトエンタテインメント（二〇〇三年発売）
監督：ロマン・ポランスキー
出演：エイドリアン・ブロディ、トーマス・クレッチマン、フランク・フィンレイ、エミリア・フォックス、ミハウ・ジェブロフスキー、エド・ストッパード　他

第2章　基地

軍隊を放棄した国家

「コスタリカの奇跡 積極的平和国家のつくり方」

マシュー・エディ、マイケル・ドレリングの二人の監督が作ったドキュメンタリー映画は、日本人がいま最も求めている作品であろう。

戦争放棄と戦力不保持、武力行使禁止を規定した日本国憲法第九条の平和主義。一方、自衛隊という名の世界有数の軍備をもってしまった国。しかも、現政権は海外に自衛隊を派遣し、米軍の戦闘に加われるよう改悪しようとしている。私たちは、この事実を子どもたちにどのように話したらよいだろうか。

その答えがこの映画に示されているといっても過言ではない。

軍事予算を社会福祉にあて、国民の幸福度を最大化する道を選んだコスタリカこそ、私たちがめざす国であると確信できるからだ。

コスタリカはいつから軍隊をなくしたのか。コスタリカが軍隊廃止宣言をしたのは第二次世界大戦開始から間もない一九四〇年のことだった。映画公開時の二〇一八年現在、常備軍禁止を発布してから七八年になる。この法律は、いまだ一度も破られていない。

米国にとって北米と南米を結ぶ重要な地域であり、のどから手がでるほどほしい場所である。隣国ニカラグアと共に幾度となく干渉されて危機を迎えたが、その都度、武力に訴えるのではなく、ねばり強く話し合いで、あるいは国際司法裁判所に提訴して勝ちえたものだ。

このように、コスタリカの平和への道のりは決して平坦ではなく、軍事と外交の両面をにらみながら最終的には外交で決着をつけるという、薄氷を踏むような出来事の連続だった。「非武装中立」の積極的作戦は、人間に対する洞察をもとに大胆かつ緻密に計算されていた。

これを可能にしたのは、

1.「フィゲーレス」をはじめとした政治指導者たちの存在
2.国民一人ひとりの価値観として「民主主義」「平和主義」が根づいていたこと
3.軍事費をどのような社会福祉に使ったか
4.教育費の無償化（国家予算の三割を費やす）
5.医療の無償化
6.年金の拡充
7.美しい環境の維持

である。その結果、人間の健康や幸福度を測る指標「地球幸福度」ランキングにおいて一四〇ヵ国中の一位に三年連続で輝いている。

日本をコスタリカに近づけるためにはどうしたらいいのか。コスタリカと同じように、日本は憲法で永久に戦争・軍備の放棄を宣言している。だが、いまの日本は、コスタリカと真逆の方向に進みつつある。

映画「コスタリカの奇跡 積極的平和国家のつくり方」（二〇一六年／アメリカ・コスタリカ）
DVD販売元：ビデオメーカー（二〇一八年発売）
監督：マシュー・エディ、マイケル・ドレリング
出演：ホセ・フィゲーレス・フェレール、オスカル・アリアス・サンチェス、ルイス・ギジェルモ・ソリス　他

なぜ世界で基地が増え続けているのか

「誰も知らない基地のこと」

沖縄辺野古基地を止めるために

二〇一八年二月三〇日、沖縄知事選で玉城デニーが勝利した。

政府側は、国政選挙を上回る選挙戦を展開した。自民・公明両党の幹部が沖縄に張り付き、下は党所属議員や秘書から、上は二階俊博幹事長、菅義偉官房長官、安倍晋三首相、はては総裁戦を争った石破茂衆議院議員や、小池百合子東京都知事まで投入し、カネと人数で圧倒しようとした。

さらには、自民党は沖縄の各業界団体に「期日前実績投票調査票」を提出させ、写真まで撮り、こちら側につかなければ仕事はないと脅した。

また、テレビ、新聞、ネットでは、玉城候補へのデマやフェイク情報を流した。極めつけは、全国紙で、安室奈美恵の広告と同じ日に小泉進次郎衆議院議員の一ページ全面広告を数回掲載したことだ。

しかしながら、沖縄県民の心はカネでは買えず、八万票あまりの大差で自民党が推す候補は敗北した。

この映画は、まるでこの結果を予想したかのように作られたように思える。

二〇〇七年にイタリアで起こった基地拡大反対運動をきっかけに、イタリアの若手監督二人がその謎を探る旅に出て制作した、ドキュメンタリーだ。

主な取材地はヴァチェンツァ（イタリア）、ディエゴ・ガルシア（インド洋）、そして日本の沖縄普天間。なかでも沖縄の撮影部分が最も重要なパートになった、と監督は語る。

「沖縄で目にした政治的、社会的、精神的なことが何より刺激的だった。沖縄の人たちが、不平等な力関係に直面しながらも決して希望を捨てなかったこと。その精神性の高さと心の強さに心打たれた」と。

玉城デニー新知事誕生は、沖縄県民の叫びが民意となって押し上げたといえる。

沖縄で当たり前にある、基地の騒音や兵士が日常的に起こすさまざまな事件、事故に苦しむ住民の姿を見つめ、横暴なアメリカ軍と膨らみ続ける軍産複合体の真実を映画は暴いていく。

現在、アメリカは世界三八ヵ国に七一六の基地を持ち、二五万人の兵士が駐留し、さらに世界一一〇ヵ国に常備軍を保有している事実を、ほとんどの日本人は知らないのではないだろうか。

二〇一八年、トランプ政権の軍事予算は日本円に換算すると七三兆円であった。日本の国家予算の三分の二に相当する。そして、その大半が全世界のアメリカ軍基地費用に充てられている。

日本の国土全体の〇・六％でしかない土地に、在日アメリカ軍基地の七〇％が集中している（二〇一八年現在）。辺野古の新基地建設に反対する沖縄は、日本という国の存在意義を問う重要課題である。

しかし、残念なことに、日本国民の多くが実態を把握していない。沖縄の基地問題に日本国民全員がどう向き合っていくか、ここに日本の未来がかかっているといえるだろう。

アメリカ軍は世界各地で戦争を起こした後、そこに必ず基地をつくるという事実を映画は明らかにしていく。基地のネットワークの運営自体が現代の「帝国」そのものだ、というノーム・チョムスキーやチャルマーズ・ジョンソンの言葉が紹介される。米軍が一日に消費する原油量は、スウェーデン一国の一日の消費量に等しいという数字が明らかになる。

映画は「戦争のためにあったはずの軍事基地が、軍事基地維持のために戦争をするようになった」と分析する。そして、膨張を続ける米軍基地の増大するエネルギーは、軍備と軍事予算の利権を既得権とした軍産複合体によって供給され続けているのが現状だという「核心」にたどり着く。

辺野古基地の建設を止めるために、玉城知事は翁長雄志前知事の意思を継承し、話し合いを求めるという。玉城氏の勝利を米メディアが一斉に報道し、米国は沖縄市民の意思に耳を傾け、基地問題を解決すべきだと。米兵を父に持つ玉城知事は、米国と話し合う最適任者といえる。

米国の幹部と日本政府の高級官僚が月に二度ほど話し合い、物事を決めていくと言われている「米日合同委員会」の存在がある以上、米国の世論を味方につけ、米国の譲渡を引き出すことが必須であろう。

玉城氏が安倍政権及びアメリカの両者と話し合い、解決の道を見つけてくれることを期待する。

映画「誰も知らない基地のこと」（二〇一〇年／イタリア）
DVD販売元：紀伊國屋書店（二〇一二年発売）
監督：エンリコ・パレンティ、トーマス・ファツィ
出演：ゴア・ヴィダル、ノーム・チョムスキー、チャルマーズ・ジョンソン、沖縄の人たち

沖縄辺野古基地反対の闘い
「戦場《いくさば》ぬ止《とぅどぅ》み」

米軍と自衛隊の一体化！

沖縄の辺野古基地問題に関心を持つ人たちにぜひ見てほしい。三上智恵監督は衝撃的で感動的な映画を撮った。数年がかりで、辺野古基地に反対する沖縄県民を描いた、ドキュメンタリー映画だ。

「戦場ぬ止み」という言葉は辺野古ゲート前フェンスに掲げられた琉歌の一節に由来している。

「今年《くとぅ》しむ月《ちち》や　戦場《いくさば》ぬ止《とぅどぅ》み　沖縄《うちなー》ぬ思《うむ》い　世界《しけ》に語《かた》ら」

この映画最大の感動的シーンは、基地に反対する翁長さんが政権に支持された基地容認派の仲井眞知事と争った知事選だ。

開票速報を待ち受ける反対派住民に翁長当選の第一報が届いた瞬間、皆がいっせいに立ち上がり、涙ながらに抱き合う。しかも、一〇万票近い大差の勝利だった。この勝利で辺野古基地はストップすると確信したに違いない。

しかし、安倍政権は県民の意思に寄りそうという言葉とウラハラに即刻工事を再開した。県民の怒りは頂点に達し、全国から大勢の人たちが反対闘争に加わった。映画では、ゲート前に座り込む反対派を警官や機動隊が排除する様子が映し出される。

実は、私もとりも直さず、沖縄に飛び、県民たちと共に基地前でスクラムを組んだ。映画では、この闘いのリーダー・山城博治さんや島袋文子さんがアップされる。

島袋さんは九〇歳になるが、工事車両の前に身を投げ出して「私を轢き殺してから行きなさい」という。島袋さんをこれほどまでに狩り立てた理由を、彼女の回想シーンが明らかにする。民間人四人に一人が死んだ沖縄の地上戦だ。

防空壕に手榴弾を投げられ、即死した人たち、米軍の火炎放射器で一瞬にしてまる焦げに焼かれた人たち。文子さん自身も全身に火傷を負いながら、奇跡的に助かった辛い経験があった。「沖縄を二度とあのような戦場にしてはならない。そうでなければ亡くなった人たちの死がムダになる」との思いから、反対闘争に命をかける。「将来を担う子どもたちのためにも、どんな人の命も犠牲にしたくない」と。

私たち日本人は、沖縄のことをどれほど知っているだろうか。沖縄の基地が、やがて自衛隊の基地となって、若者が戦争に駆り出されることを理解しているだろうか。

三上監督は、その事実を「戦場ぬ止み」の続編として「標的の島風かたか」で追跡した。米軍と自衛隊は、基地を共同使用し、共同訓練をするなど一体化が進んでいる。米軍の意のままに動く存在として、自衛隊が沖縄の島々に配備されていく危険な状況をカメラは捉える。宮古島、石垣島に建設されつつあるミサイル基地だ。

この映画の主人公の一人、石垣島公民館館長の元於茂さんは、たくさんの血を流したこの地にまたも沖縄戦の悲劇をくり返すのか、と胸が締めつけられる思いを語る。

本土を守るという理由から、日本軍は夥しい数の島民を死に追いやった。それも多くが、マラリアや飢えによる。

沖縄戦の教訓を一言で総括するなら、何度でも言うが、「軍隊は自国民を守らなかった」という一言に尽きる、と。

二〇一八年九月二二日、筆者は、沖縄の現状と過去の歴史を知るために山城博治さんをたんぽぽ舎にお呼びし、講演会を開いた。

大勢の人たちが参加し、山城さんの話を熱心に聞いた。

「無知は罪」と誰かが言っていたが、沖縄の基地問題の本質を理解し、一緒に活動に加わることをみんなで確認できた。

最後に、山城博治さんのこれまでを簡単に紹介しよう（沖縄平和運動センター資料より）。

二〇〇四年　沖縄平和運動センター事務局長に就任する。
二〇一五年　キャンプシュワブ前で抗議中に米軍敷地を示す黄色のラインを越えたとして、米軍に一時拘束され、名護署へ引き渡される。
二〇一五年一二月　刑事特別法違反の疑いで逮捕される。
二〇一六年一〇月　公務執行妨害と傷害の容疑で再逮捕される。
二〇一七年二月　最高裁は市民団体の釈放抗告を認めない決定を下す。

二〇一七年三月　五ヵ月ぶりに保釈される。
二〇一八年三月一四日　那覇地裁は懲役二年、執行猶予三年の有罪判決を下す。
二〇一八年一二月一三日　福岡高裁は山城側の控訴を棄却する。
二〇一九年四月　最高裁は上告を棄却し、有罪が確定する。

以上のように、腐り切った司法は山城博治の自由を奪い、人権を侵害する判決を下す。
筆者は山城さんの支援を継続する。

映画「戦場ぬ止み」（二〇一五年／日本）
DVD販売元：紀伊國屋書店（二〇一七年発売）
監督：三上智恵（二〇一二年に制作した「標的の村」は、キネマ旬報ベストテン文化映画部門第一位、山形国際ドキュメンタリー映画祭で日本映画監督協会賞・市民賞をダブル受賞）
音楽：小室等
ナレーション：Cocco
出演：山城博治、島袋文子、沖縄県民　他

核ミサイル基地を止めた一〇年間

「グリーナムの女たち」

一九七九年一二月一二日、ＮＡＴＯ（北大西洋条約機構）の核配備決定から、これに抗議する闘いが始まった。

このＮＡＴＯの決定により、一九八三年以降、ヨーロッパ各地に巡航ミサイル四六四基が配備されることになった。イングランドのグリーナムコモン米軍基地には九六基（後に一〇一基に増える）の核ミサイルが配備されることになった。

この決定がイギリスをはじめ、ヨーロッパ中に激しい反対運動を引き起こし、八三年にヨーロッパ各地で「熱い秋」と呼ばれる数百万人のデモが起こった。

配備される巡航ミサイルの一つひとつには、広島型原爆の一五倍の威力があるといわれる。ミサイルの配備は、ソ連及び東側諸国など、あらかじめプログラミングされた目標を破壊するのが目的であった。

一九八一年八月二七日、「地球の生命のための女たち」は、ウェールズの軍港カーディフからグリーナムコモンの基地まで二〇〇キロの平和行進を始めた。

きっかけは、広島・長崎デーの平和行進をした女たちの話を聞いてからというから、日本との関わりも深い。

最初に行進に参加したのは、わずか三六人の女と四人の男だけだった。彼らは子どもを連れて出発した。一行がグリーナムコモン米軍基地に着いたのが一九八一年九月五日、二〇〇キロを歩いたのに、この運動をマスコミはほとんど報道しなかった。

そこで、一行は英国のかつての参政権運動にならって、四人の女性が鎖でわが身を基地ゲートに結びつけるアクションを起こした。メインゲートでは泊まり込み態勢も整い、ずっとピケを張ろうということになった。それがピースキャンプの始まりだった。

このことがマスコミに報道されると、主にヨーロッパ各地からさまざまな女たちが訪れるようになった。

女たちの共同体を民主的に運営していくのも大問題だった。「男を入れるか、女だけにするか」が二ヵ月にわたって論議され、非暴力と女たちだけでやることに集約されていった。

一九八二年三月二一日、春分の日に、「生命のまつり」と題され、初の非暴力直接行動を呼びかけると、数千人の女たちが集まり、基地のゲート封鎖行動に出た。この成功によって、グリーナムにくる女たちはまた増えた。

戦術としては、キング牧師やガンジーの非暴力直接行動を選択し、加えて特に女性解放の視点を取り入れるようになった。

最も重要な点は、グリーナムの女たちがピースキャンプで平和運動と女性解放運動を結びつけたことだ。

五月二七日、ピースキャンプは警察による初の強制撤去にあい、四人が逮捕され刑務所に収監された。強制撤去の際、グリーナムの女たちはゴボウ抜きに会うが、彼女たちは「戦さはゴメンだ、女は強い」などと歌を歌いながら抵抗した。彼女たちの歌は続く。「あなたたちはどちらの味方なの。あなたたちは死の側に立つの、命の側に立つの、どっちなの」。

八月六日のヒロシマデー、九日のナガサキデーには被爆者の千羽鶴の話を聞き、彼女たちも千羽鶴を折った。平和を愛する女たちの輪はどんどん広がり、警察に逮捕された女たちと刑務所の囚人たちとの交流も生まれ、共に行動するための新しいアイデアも提案された。

基地周辺に集まるグリーナムコモンの女たち

一二月一二日のデモには、三万人もの女たちが集まり、基地を人間の鎖で囲いこんだ。基地のフェンスには、グリーナムの女たちのシンボルである蜘蛛の巣が、毛糸で編まれていった。

女たちは互いをつなぎ、互いを頼り、責任をとる、蜘蛛の巣のように。一本の糸は弱いが蜘蛛の巣は強い。誰もがこの行動の素晴らしさに圧倒された。

こうして、世界各地にグリーナムの女たちのことが広く報道された。

そして次の行動が起こる。基地フェンスを四四人の女がはしごで乗りこえたのだ。泥まみれのサイロを登り、「ピース'83」と書いた布を広げて一時間あまり、ダンスや歌に興じた。この場面は新年のビッグニュースとして、世界のお茶の間に流れた。

また、ハロウィーンには密かに用意した二千ものニッパーで、基地のフェンスを切る行動を起こした。フェンスが切られると、中の兵士たちはビックリ仰天。慌てて警察を呼んだ。このとき逮捕された女たちは一八七人に上り、警察署は女たちであふれかえった。

彼女たちは叫んだ。「暴力が、いつも権力の掌中にあり、彼らが行使するものだということをはっきりさせる責任が、私たちの側にあります。それは、私たちが完全に暴力と縁を切って初めて可能になるものです」。

一九八一年から始まった女たちの闘いは、一日も休むことなく、酷寒の寒さにも耐え抜いた。そして、ついに女たちの闘いの実るときが訪れた。

一九八七年、米レーガン大統領と旧ソ連ゴルバチョフ書記長は、中距離核戦力（ＩＮＦ）全廃条約を結んだ。ヨーロッパの巡航ミサイルが全廃されることになったのだ。

グリーナムの女たちの闘いは、日本の女たちにも大きな影響を与えた。

平和運動の女たちは、権威主義的で左翼男性主導の運動から抜け出した。それは女たちで新たな運動を始めるきっかけとなったといえる。

ピースキャンプで培った、生活を共にしながら、お互いに話し合う女たちの信頼感は厚く、彼女たちの活動に影響されて日本でも行動につながっていく。

青森六ヶ所村で、核燃料サイクル工場へのウラン搬入を止めたい女たちは、グリーナムの女たちのように九月一〇日から一〇月八日まで、女たちだけのキャンプを設置した。九月二七日には、非暴力直接行動で臨んだ。巨大なウラン輸送車の前に体を投げ出して、排除されても、女たちは何度も寝転んだ。六ヶ所村キャンプは、グリーナムの女たちのように新しい形の運動を生み出した。

グリーナムコモンのキャンプは、核戦争に反対するだけでなく、原子力政策を批判し、女性問題や第三世界の問題などあらゆる差別や暴力によって引き起こされる問題に反対したという点で、日本の「福島の女たち」に引き継がれている。

最後に、書籍版の訳者である近藤和子さんの言葉を結びとしよう――世界の平和のために、日本の女たちが太平洋の女たち、世界の女たち、未来の子どもたちのために、国を越え、海を越え、人間の鎖で結び合いませんか。

追記：二〇一八年、アメリカのトランプ大統領は、四〇年前の巡航ミサイル撤廃条約を破棄すると一方的に宣言した。歴史の歯車を戻す考えだ。

映画「グリーナムの女たち」（一九八三年／イギリス）
DVD日本語版・監督：村井志摩子、編集：矢端則子、台本：近藤和子、
　製作：ウィメンズネットワーク（一九八六年）
監督：ビーバン・キドロン
※　関連作品
記録フィルム「キャリー・グリーナム・ホーム」彼女たちの証言集
書籍『グリーナムの女たち――核のない世界をめざして』アリス・クック、グウィン・カーク著、近藤和子訳、八月書館
書籍『グリーナムの女たちの闘い――核ミサイルを止めた10年』グリーナムの女たち著、近藤和子訳、オリジン出版センター

第3章　原発

原発が生活や人権を破壊した

「福島は語る」

避難生活の過酷な苦しみは……。

この記録映画は、東京電力福島第一原発事故で被災した人々の証言を集めている。正直、圧倒された。これまで福島事故の映画は多数観てきたが、これほど真に迫った映像に接したのは初めてだ。幾度となく涙がこぼれた。

土井敏邦監督（六六歳）は「人災」で故郷を追われた人々約一〇〇人にインタビューした。作品にはこのうち一四人が登場する。分断を強いられた避難生活の苦悩や喪失感、過酷な暮らしは、決して言葉では言い尽くせない。

豊かな自然のなかで、生涯楽しい生活を送ることを夢みていた人たちが、いきなり、自分の土地や家を奪われ、わずか四畳半一間の仮設住宅に入れられた悲しみや苦しみを想像できるだろうか。隣家とはわずかな壁一枚、そんな生活を八年も送ったら人はどうなるか。多くの人がストレスで夜も寝られず、睡眠薬に頼ったり、中には自死したりする人も出た。

「こんな狂った人生になるとは夢にも思わなかった」。避難先で息子（生活と仕事の激変から身体を壊した）を亡くした飯舘村の杉下初男さんは、涙を拭きながら心情を語った。

「避難者の多くがやっぱり病んでいる。病んでいる人は生活が困窮して、それこそ通帳にお金がない。薬を飲まないと寝られないとか、精神的にうつ状態ですね。先が見えなくなってくるとどうしてもパニックになってしまう。娘のために避難したのに、その娘から『私は避難したくなかったのに、お母さんがいうから避難したんだ』と言われて、もうどうしていいのか……」（松本徳子さん）。

避難先の新潟と勤務先の夫と離ればなれの生活を送る岡部恵子さんは、何度も離婚を考えた。

「私は子どもが健康でいてほしいというだけなのに、夫にはそれがわからない。夫は家族のために働いているのだから『戻ってこい』という」。

お互いの気持ちがカミ合わない状態が続く。

「そもそも、なぜ事故は起きたのか、なぜ私たちは逃げなくてはいけなかったのか、そういう普遍性を見ない限り『あなたたちは、お金をもらった』という感情的ないがみ合いに持っていかれたら、原発を推し進めたい人の思惑にハマってしまう。『そんなことにすり替えられてたまるか』という気持ちになった」（星ひかりさん）。

渡辺洋子さんは楢葉町から会津若松に来て、「お友だちもできたけど、その一人から『毎月一〇万貰ってぺ?』と言われて、『うん』といったら『それ、われわれの税金から出てんだよな?』と言われたんです。そのとき、私は『すいません』と謝ってしまった。あの一言がきっかけでガクッときて、病気を背負っちゃったんですね」。

「悔しい、悔しい、誰も好き好んでこんな状態になったわけではないのに、『われわれが養ってやっている』と受け取られちゃったんですね。このときからのうつ状態から抜け出せません」。

二〇一八年、くも膜下出血で亡くなった郡山市のコメ農家の男性は、事故後に注文が激減し、「俺のつらさは絶対福島だけで終わらせてほしい。原発再稼働はあってはなんねえ」と訴えていた。

政府は、二〇一九年三月末日で住宅無償支援打ち切りを決めた。

避難者にとっては「命綱」ともいえる住宅を取り上げることは、極端に言えば、避難者に「死ね」と言っていることに等しい。川崎に避難している一人暮らしの老婦人は、家賃七万円を自分で作らねばならないと途方に暮れている。

「福島の人たちをこんな目に遭わせ、放置しておいて、何がオリンピックだ」と土井監督は憤る。

「原発事故は終わっていないし、これからが大変だ。彼ら一人一人の声を多くの人に聞いてほしい」。

こんな危険な原発を継続させようとする「原子力ムラ」、政官財学の癒着を暴いて、なんとしても原発を止めよう。無関心で行動を起こさない人は、間接的に日本の破滅に加担している、と言われないように。

©DOI Toshikuni

映画「福島は語る」（二〇一八年／日本）
公式サイト（http://www.doi-toshikuni.net/j/fukushima/）
監督・制作・撮影・編集：土井敏邦
出演：武藤類子、村田弘　他
挿入歌：「ああ福島」（作詞：武藤類子、作曲：李政美）

原発ゼロを決めたドイツ

「モルゲン、明日」

市民の力が明日の世界を拓く

福島第一原発の事故から三ヵ月後の二〇一一年六月、ドイツは二〇二二年までに全ての原発を廃炉にすることを決めた。

一方、日本では事故収束の糸口も見えないまま再稼働が始まり、原発を輸出しようとさえしている。両国の違いはどこから来るのだろう。その答えを求めて、坂田監督はドイツへ向かった。

坂田監督は、ドイツ国民が国と闘いながら、自然エネルギーに代替させていくという正しいあり様を、冷徹に映像にした。

原発を考える日本の国民にはどうしても観てほしい映画だ。

「モルゲン、明日」は、メルケル首相が、福島原発事故によって自身の原発に関する考え方が変わったことを議会で表明する場面からはじまる。

ドイツは「安全なエネルギー供給委員会」を設置して、その答申をふまえた上で決定したという。その中で、重要なフレーズは、原子力エネルギーの利用やその終結はすべて社会における価値決定にもとづくものであり、これは技術的側面や経済的側面より、先行するものであるということだ。

坂田雅子 監督　©2018 Masako Sakata／配給：リガード

言いかえれば、技術的なことだからといって専門家にまかせるのではなく、市民一人ひとりが自分の問題として考え、自分の判断で答えを決めていくシステムを求めるということだと思う。

日本では、核兵器保有を含めて、経済面が強調され、技術面の専門家が原子力発電を進めてきた。

広島、長崎の原爆体験、そして原発事故に痛めつけられた日本人がどうして原発を止められないのだろうか。

国民の半数以上が原発に反対しながら、いまだに再稼働を許している現状は、単に政治が悪いということではすまされない。その原因を検討する必要に迫られている。

第二次大戦での自国の行いを深く反省し、ドイツ政府はナチス時代の犯罪を強く糾弾した。歴史の授業では、ドイツ人がユダヤ人や外国人を虐殺、迫害した事実を詳しく伝えている。今日でも、ナチスの犯罪の被害者に補償金を払い続ける一方、ナチスの犯罪に加担した者を生きている限り、刑事訴追している。

私たち日本人は、戦争に関する報道では被害が中心で、加害についてはほとんど触れることはなかった。

そのツケの一部が、今回の韓国慰安婦問題や徴用工問題で、アジア諸国との関係は、ドイツとその周辺諸国との関係ほど改善されていない。

はっきり言えば、天皇制帝国主義の過ちをはっきりと容認してこなかったことが、日本の運命を定めたとも言える。

それでも、五〇年、六〇年代には労働運動や学生運動で、市民的民主主義の前進はみられた。しかし、その後の高度成長期に飲み込まれ、市民の意識革命は不十分なまま現在に至っている。

ドイツでは、一九六八年のチェルノブイリ原発事故のとき、学生運動からはじまって数十万人のデモになり、多くの市民が立ち上がった。

一九七五年には、ヴィールの原発予定地が市民によって占拠され、抗議行動はメディアによって広く伝えられ、学生、農民、主婦など普段共通点のない者同士が連帯した。夫が働いている間に参加した女性達の活躍が目覚ましかった。

そして、右翼や保守政党のメンバーなどを含むあらゆる種類の人々が参加した市民運動に発展した。

そして、一九八五年、建設許可が取り消され、市民が勝利した。

このように、ドイツではエコロジーや広く環境問題に対しては、保守も左翼も一緒になって社会の変革を求める。そこが、日本との大きな違いであろう。

その進展は単に原発阻止に留まらない。どうすれば自分たちの未来、再生エネルギーへの代替につなげられるかという課題から、戦略的に考えて、節電だけでなく新しい組織や技術を自分たちで作ることだという結論になった。

その結果、なんと、彼らは送電線を買い取ることを思いついた。送電線を買うためには多額な費用がいる。市民グループをつくり出資者を募った。電力会社との長い困難な交渉の結果、やっと送電線を手に入れることができた。

こうして、自然エネルギーのみを使う市民の電力会社が誕生した。

ハンメルブルクの町から急速に発展することになった自然エネルギー政策は、ドイツ各地で採用され始めた。

原発と化石燃料のない世界に一歩大きく踏み出すことに成功したわけだ。

現在、日本でも再生可能エネルギーに関する試みが各地でなされているが、電線を買いとるドイツの発想は大いに参考になるに違いない。

日本は自然災害でも世界有数の国だ。

地震、火山、台風、水害などの災害が私たちの身の回りで頻発している。

一方、大分県には一基の原発もなく、日本最大級の地熱発電所やバイオマス、水力や風力により電気をまかなっている。

大分県の自然エネルギー施策が全国に広がるよう呼びかけよう。

建設四〇年を超えて老朽化した原発「東海第二原発」の運転の二〇年延長など、狂気の沙汰ではないか。

しかも、実質的には経営破たんした東電が日本原電に二〇〇億円を出資するなど、あまりにも国民を馬鹿にしている。

不正な原子力マネーで私利私欲にまみれた関西電力など大手電力会社を解体し、市民が主体の自然エネルギー供給網をつくる日が来ることをこの映画は願っている。

同時に、人類の手に負えない原発を一日も早く廃炉にするよう訴えている貴重なドキュメントである。

©2018 Masako Sakata／配給：リガード

映画「モルゲン、明日」（二〇一八年／日本）

公式サイト（http://www.masakosakata.com/）

監督・企画・撮影：坂田雅子（前作「わたしの終わらない旅」でフランス、マーシャル諸島、カザフスタンと核に人生を翻弄される人びとを訪ねるドキュメンタリーを制作。本作はその続編）

登場人物：ステファン・パルチュ（ホテル経営者）、グードルン・パウゼヴァング（作家）、ヨセフ・トーマス・ゲッツ（修道僧、教師）、ウルスラ・シェーンベルガー（環境問題専門家）、アクセル・マイヤー（環境問題活動家）、ウルスラ・スラーデク（EWS電力会社創業者）、ミヒャエル・スラーデク（EWS創設メンバー）、ハンス・ヨゼフ・フェル（元緑の党議員）　他

第4章　民主主義

トランプの当選を予告した
「華氏119」

アメリカ民主主義は絶滅危惧種か？

二〇一六年一一月九日、ドナルド・トランプが大統領選で勝利宣言をした。

こんな結果を誰が予測していただろうか。

誰もが初の女性大統領ヒラリー・クリントンの当選を信じて疑わなかった。

映画監督マイケル・ムーアは早くから「トランプの勝利」の危険性を指摘し、例のアポなし突撃取材を試みた。

政治経験ゼロ。タレント実業家。差別発言を連発するレイシスト。

テレビ局は視聴率稼ぎのネタとして、彼の暴言を流し続けた。

トランプは、失業と貧困に苦しむ人々に「忘れられたあなたたちを私が救う」と約束した。

ヒラリー・クリントンが金融業界から多額の献金を受けていたように、民主党の政策が共和党と大差なくなって久しい。グローバル資本や富裕層の利益を代弁し、他方で革新的なサンダース候補を退けた民主党に多くの市民は愛想をつかし、大統領選に背を向けていた。その隙をトランプは見逃さなかった。

マイケル・ムーアは、「独裁者が成功するのは、民衆がうんざりし、諦めたときだけだ」と、ヒトラーの記録映像とダブらせた。権力や社会悪に立ち向うマイケル・ムーアの視点は確かなものだ。そのために彼は全米を飛ぶ。

ミシガン州の水質汚染問題で、住民の声を聞かず裏切ったオバマ前大統領。トランプはここにも目をつけ、実際に自分の目で確かめに行き、「私が救う」と言った。既成政党の議員には頼れないという市民の気持ちに、トランプは耳あたりの良い言葉で近づいた。

保守政党頼りにならずという思いは、日本の政情にも酷似する。

トランプの勝利を導いたのは、ヒラリー・クリントンや民主党の重鎮たちではないか。どれだけの子どもが死ねば銃を規制できるのか。アメリカの民主主義とは何か、とムーアは問いかける。

この映画は、トランプを非難するだけでなく、アメリカが生んだ政界の罪とそれに立ち向かう人々の姿を追ったドキュメンタリーだ。

ムーアは、既成政党に頼らずに立候補する一般市民や、高校生による銃規制の訴えなど、草の根運動の力に迫る。ニューヨークやワシントンの街を埋めつくした群衆が権力に敢然と抗議する姿をも映し出す。

前作「マイケル・ムーアの世界侵略のススメ」で見せたアポなし、直撃砲は今回も炸裂し、観る者を圧倒する。

ふり返って、日本は市民の声が大きな風となって一つに結びつくことができるだろうか。二〇一二年、反原発で数万人が国会を取り囲んだように。安倍政権の権力濫用が頂点にある日本で、私たち市民は、原発、貧困、TPP、差別などの問題で、一つの大きなエネルギーとして闘うことを可能にしなくてはならない。

映画「華氏119」(二〇一八年/アメリカ)
DVD販売元：ギャガ（二〇二〇年発売）
監督：マイケル・ムーア
出演：ドナルド・トランプ、バーニー・サンダース　他

気高い良心の叫び

「君が代不起立」

処分に立ち上がる先生たち

第二の憲法といわれた教育基本法が改悪されると、石原知事の号令で、東京都教育委員会は二〇〇三年一〇月二三日、「日の丸・君が代」起立斉唱を強要する「一〇・二三通達」を出し、命令通りにしなければ処分するという脅しをかけた。いわば教員への脅迫状である。

そして、二〇〇四年三月、通達後初めての卒業式で、一万人の教職員のうち二〇〇人近い人々が起立しなかった。

映画では、その人たちの中から立川第二中学校の門前に立つ根津公子さんが写されている。手書きのプラカードには「停職一ヵ月」とある。度重なる処分にも屈しない根津さんに対して、都教育委が処分をエスカレートさせた結果が「停職一ヵ月」だ。

根津さんは決して自分の良心に背かないと決めた。子どもたちには本当のことを教えたい。子どもたちに判断させない強制は、本当の教育とはいえないと語る。

こんな根津さんの姿勢をしっかり受け止めた子どももいた。校長室に「憲法を守れ」とメッセージを書いて、抗議した生徒だ。

「荒れた」子どもたちを正面から受け止める、もう一人の「停職一ヵ月」の河原井純子さんにもカメラは向けられる。

この映画の上映会を催した国際基督教大学のアンケートでは、学生たちの真剣なまなざしが記されている。

「何度も涙がこみあげてきそうになりました。今の日本は本当におかしな国になっていると思いました。自分は何もできなくて、正義感だけじゃ何にもならないのかとあきらめていましたが、行動を起こしている先生方の姿を見て、勇気をもらいました」。

また、映画を見た主婦の一人は「根津さんと共に闘う教師、支援する仲間、教え子中学生……この人たちは不当処分に怒り、泣き、そして、予防訴訟の勝利判決では弾けんばかりの笑顔と歓声を上げげた。生き生きとした生命感溢れる「美しい」表情を持った人びとに心うたれた」という。

映画には、もう一人、元板橋高校教師の藤田勝久さんが、板橋高校の卒業式で「君が代」斉唱の強制に反対し不起立を呼び掛けたとして、威力業務妨害罪で罰金二〇万円（求刑懲役八月）の判決を科せられた事件がある。

藤田さんは、「私を起訴すること自体、言論弾圧公訴権の乱用」と控訴した。

ルポライターの鎌田慧さんは、「推測だが、裁判官は無罪の案件だと思ったのだろう。だが、政府や都の考えを拒めず、微罪と断じた。無罪にするまでの勇気はなかった」。

なお、私事になるが、藤田さんは筆者の大学の二年後輩で、鎌田さん（『自動車絶望工場』著者）と共に学生運動を闘った仲間だ。

「君が代不起立」の闘いは、初めは小さいがやがて大きなうねりとなって、国民に浸透するにちがいない。

「自分の正当な権利は、ひとりでもちゃんと主張してもいいんだと教わった」。

根津さんの教え子の言葉だ。

教育現場の正当な権利行使や批判的精神、抗議行動などの封じ込めは、戦時中のような従順な国民を養う第一歩だ。政権側が教育委員会を自由に操ることの危うさに目を向け、個人一人ひとりが自由を尊重する「民主主義」が根づくように努力しよう。

映画「君が代不起立」（二〇〇六年／日本）
ＤＶＤ発売元：ビデオプレス（二〇〇九年発売）
登場人物：根津公子（五五歳、「君が代」不起立で都教委から停職処分を受けた中学校家庭科教員）、河原井純子（五六歳、「君が代」不起立で停職処分を受けた都立養護学校教員）、藤田勝久（六四歳、卒業式で保護者に「君が代」強制問題の週刊誌コピーを配付し刑事告発された都立板橋高校元教員）

CMは世界を変えられるか

「NO」

恐怖政治に挑む若き広告マン

一九八八年、一五年にわたり軍事政権を率いてきたチリのピノチェト将軍は、独裁を非難する国際的な圧力を受け、政権の信任を問う国民投票を実施すると発表した。

投票日までの二七日間、ピノチェト派「YES」と反ピノチェト派「NO」は一日一五分間のテレビCMを深夜に放送することが認められた。

「NO」を率いている左派連合のメンバー、ウルティアはフリーの広告マンで、長年の友人であるレネに「NO」のためのCMを作ってほしいと依頼する。

初めは気乗りしなかったレネだが、次第に広告マンとしてのプライドを刺激され、本格的に「NO」にのめり込んでいく。

左派連合の人たちは、国民投票で独裁を批判するだけのCMを作ろうとしていた。レネは、あくまでも国民投票に勝利するために、「独裁の恐怖」ではなく「独裁後の未来」を明るく描くCMを作り続ける。

「YES」の政府幹部は負けるはずがないと高を括り、従来と同じピノチェトを賛美するだけの

ＣＭしか用意していなかったが、放送が開始されると、「ＮＯ」に国民の人気が出始めた。政府幹部は、「ＮＯ」のＣＭを見て焦り始め、「ＮＯ」のＣＭを模倣した形のネガティブキャンペーンを展開し、同時に「ＮＯ」のメンバーたちを監視し、妨害工作を行わせる。

しかし、レネの作った明るいＣＭは確実に国民の心をつかみ、国民世論は拮抗状態になる。

一〇月五日の投票日は、国際的な注目が集まる中で実施されたが、「ＮＯ」の事務所前には陸軍と警察の部隊が集結していた。

一触即発の危機だったが、軍事政権幹部が国民投票で「ＮＯ」が勝利すると断言したことで、政権側の敗北が確実となった。

こうして、二年後には独裁政治の終焉をつかみとった「ＮＯ」のメンバーから、彼らを代表する新大統領エルウィンが選ばれた。

チリは、独裁から民主政治への転換を成しとげることに成功した。

この映画から、私たち日本人が学ぶべきことは多い。

どうしたら、国民の心をつかむことができるか。

安倍政権のめざしている政治がいかに国民を不幸にしているか。

安倍政権に代わる政権は、誰もが生活向上を実感できる明るい未来を確信できるものでなければならないだろう。

そのためには、「ＮＯ」のように選挙に勝利することが不可欠だ。

選挙に無関心な若い人たちに、自らの手で未来や生活を変えることが可能だというメッセージを打ち出せるかが鍵をにぎっている。六年前の参議員選挙で、若い山本太郎や吉良よし子を当選させた時のように、東京渋谷を若者で埋めつくしたような熱気が再現できるだろうか。

日本の憲法には、「この憲法が国民に保障する自由及び権利は、国民の不断の努力によつて、これを保持しなければならない」とある。

選挙によって権利を行使し、政治を自分たちのものにしよう。

映画「NO」（二〇一二年／チリ・アメリカ・メキシコ）
DVD販売元：オデッサ・エンタテインメント（二〇一五年発売）
監督：パブロ・ラライン
出演：ガエル・ガルシア・ベルナル、アルフレド・カストロ、アントニア・セヘルス、ルイス・ニェッコ、マルシアル・タグレ、ネストル・カンティリャーナ　他

メディア対権力

「新聞記者」

深い闇に迫る二人

この映画の原案は、東京新聞社会部記者・望月衣塑子さんの同名の本だ。わざわざ、オリジナルストーリーのフィクションとことわっているが、フィクションを武器に現政権に真っ向から挑戦する映画だ。これまで、日本映画がタブーとしてきた政治世界に切り込んだ骨太な社会派ドラマに仕上がっている。

筋書きの中心は、首相の友人の企業が運営する国立民営大学を国家戦略特区で新設しようという動き。加計学園問題によく似た設定だ。

その計画書が、ある日匿名で「東都新聞」にファックスされてくる。事件を追い始める女性記者エリカを韓国人女優シム・ウンギョン（二五歳、父は韓国人、母は日本人、アメリカで暮らす）が演じている。

もう一人、内閣府内閣情報室のエリート官僚・拓海役を松坂桃李（三〇歳）が演じる。上司の指示で、政権維持のための世論操作のため、疑問を感じながらも女性記者に協力する役だ。

そんな二人が出会い、政権の深い闇を知る。

エリカは、政権の意向に従おうとする報道機関の同僚に反発する。

拓海は、上司の命に背くと出世の道が絶たれてしまうのではないかと思い悩んだ末に、ある決断をする……。


第二次安倍内閣の発足以来、日本の「報道の自由度」ランキングは下がり続けており、二〇一六年、二〇一七年と世界六七位、G7各国の最下位になってしまった。

フェイクニュース、メディアの自主規制が蔓延し、官邸権力は平然と「報道の自由」を侵す。忖度に走る官僚たち、それを見逃すテレビ、新聞メディア（一部を除く）。

政権の分断政策が功を奏し、「権力の監視役」としてのメディアの役目は薄れ、いつの間にか社会全体に立ち込める「同調圧力」が人々を委縮させ、ものを言う国民が少なくなっている。

そんなとき、記者クラブの会見で、記者の望月衣塑子が官邸に不都合な質問を発し続け、立ち向かう姿に着想を得て、映画プロデューサーの河村光庸《みつのぶ》は映画づくりに着手したという。

「この映画に協力したらヤバイヨ」と尻込みする製作会社もあったという。河村さんの心意気と勇気に賞賛を送りたい。

現在進行中の政治事件をモデルに、大胆不敵な政治サスペンスとして展開する映画史上初の試みでもあったのだ。

例えば、性暴力被害者の伊藤詩織さんが山口敬之氏を告発した事件が、加害者が安倍総裁とつながっていることからモミ消されたことなど、そのまま盛り込まれている。

組織と良心のはざまで苦しみ、追いつめられ、ついに自殺する官僚の姿は、森友学園問題で自ら命を絶った財務省職員を思い出させる。

映画では、直接的な政権批判の描写はないが、政権が自己貫徹のためには、なりふりかまわず、ここまでやるかという理不尽さが浮き彫りにされる。

新しい元号「令和」が始まり、人々の関心がオリンピックや天皇に向かおうとしているとき、若者たちが、「権力やメディア」の関係に立ち返り、この映画が政治を考えるキッカケになれば成功であろう。

安倍政権のもと、ここまで危険水域に踏み込んだ日本映画は初めてで、社会映画史に残る記念すべき偉業だと思う。この映画に登場する望月衣塑子さんや伊藤詩織さんも参加する『しゃべり尽そう！　私たちの新フェミニズム』を併読していただければ幸いである。

映画「新聞記者」（二〇一九年／日本）
DVD販売元：KADOKAWA（二〇一九年発売）
監督：藤井道人
企画・製作：河村光庸
脚本：詩森ろば、高石明彦、藤井道人
音楽：岩代太郎

撮影：今村圭佑
出演：シム・ウンギョン、松坂桃李、本田翼、岡山天音、郭智博、長田成哉、宮野陽名、高橋努、西田尚美、高橋和也、北村有起哉、田中哲司、望月衣塑子、前川喜平、マーティン・ファクラー 他

※ 対談集『しゃべり尽くそう！ 私たちの新フェミニズム』望月衣塑子（東京新聞）、伊藤詩織（ジャーナリスト）、三浦まり（上智大学）、平井美津子（公立中学教諭）、猿田佐世（新外交イニシアティブ（ND）代表）著、梨の木舎

※ 映画「i－新聞記者ドキュメント－」森達也監督（二〇一九年一一月公開）参考

北朝鮮帰国事業の理想と現実

「かぞくのくに」

雪どけ北朝鮮の今は？

一九五九年前後、筆者の大学時代には北朝鮮への帰国事業が活発に行われていた。この映画は、その頃を舞台に作られた。

当時の北朝鮮は「理想郷」とされ、在日朝鮮人を中心に、彼らと結婚をした日本人も含めて、大勢の人が永住帰国、あるいは移住をした。最盛期には、毎週のように一〇〇〇人単位の人が移動していた。

筆者も、みんなで送別会を催し、大学の友人である金君を送り出した経験がある。一九六二年の浦山桐郎監督の映画「キューポラのある街」にあった、主演の吉永小百合と北朝鮮へ帰還する一家との涙の別れのシーンと重なって、胸がいっぱいになったことを記憶している。

映画では、在日コリアン二世のソンホが単身海を渡って、二五年後に帰国するところから始まる。彼の父は朝鮮総連の役員で、彼の移住には積極的でもあった。

しかし、それから二五年間、ソンホは日本に帰国することを許されなかった。そんな中、ソンホは脳腫瘍に冒され、治療を理由に一時帰国を許可された。父と母、妹リエは彼を温かく迎える。だが、ソンホの側には常に監視役の男ヤンがつきまとい、心の休まることはなかった。
ある夜、ソンホは上からの強い指示でやむなく妹リエをスパイである工作員に勧誘しようとした。激高するリエは、怒りの矛先を監視役の男に向けたことで、兄との距離を実感する。

初めから滞在期間は三ヵ月と定められており、何とか治療を受けさせようと奔走する家族だが、無情にも理由もいっさい告げられず即刻帰国せよとの決定が下される。そのときのソンホの言葉、「この国ではこういうことが当り前にあるんだ」が何かぐさりとくる。理不尽な決定を責める妹リエに、ソンホは自由に生きることの大切さを説き、北朝鮮へ戻っていく。

監督自身の体験に基づいた作品だけに、リアリティが随所にあり、観る者の胸を刺す。

私たち日本人は、在日の問題(朝鮮と韓国の相違)を含めて、この映画から多くのことを知らされる。

映画「かぞくのくに」(二〇一二年/日本)
DVD販売元:角川書店(二〇一三年発売)
監督:ヤン・ヨンヒ(在日コリアン二世)
企画・エグゼクティブプロデューサー:河村光庸
出演:井浦新(ソンホ)、安藤サクラ(リエ)、ヤン・イクチュン(監視役)、宮崎美子(母)、津嘉山正種(父)、京野ことみ 他報道の自由を！

「ペンタゴン・ペーパーズ　最高機密文書」

いま、日本人に訴えている！

これは、実話をもとに、ベトナム戦争にまつわるアメリカ政府の嘘を明らかにした新聞記者と経営者たちの奮闘を描いた映画である。

物語の舞台は、一九七一年のアメリカだ。半世紀も前のアメリカの話なのに、内容は現在の安倍政権の日本を思わせる。同時に、いや、それゆえにこの映画は日本および日本人にこそ訴えていると感じさせる。なぜなら、政権の嘘や隠ぺいとメディア攻撃が頂点にあるからだ。

スピルバーグ監督が「いま、撮るべき作品」として制作に踏み切ったのは、トランプ大統領就任四五日後であった。

「ペンタゴン・ペーパーズ」とは、ベトナム戦争に関して、アメリカ政府がどのように政策決定を行ってきたかを第二次世界大戦直後からたどった、国防総省の七〇〇〇ページに及ぶ機密文書を指す。

この極秘報告書を「ニューヨーク・タイムズ」がすっぱ抜いた。アメリカ国民に嘘をついたことを暴かれたニクソン大統領は激怒し、「ニューヨーク・タイムズ」を機密漏洩罪で訴えた。裁判所の仮処分命令により、続報記事の掲載は差し止めとなる。

同じ頃、「ワシントン・ポスト」も文書を入手していた。同紙の編集長のブラッドリーは記事化を急ぐが、同社の経営陣から「待った」がかかる。掲載すれば「ニューヨーク・タイムズ」と同様の処分が下り、経営を危うくすると、特に社の顧問弁護士は強力に反対する。社主のグラハムは悩んだ。国家権力を敵にまわすことへの不安だ。悩むグラハムをブラッドリーは説得に努める。

「記事を出せば全員が刑務所送りになり、会社は潰されるかもしれない。でも、もし我々がやらなければ誰がやる？　真実が葬られれば自由の火が消える。報道の自由は報道することでしか守れない」。

ブラッドリーの言葉を日本のメディアにそのまま伝えたい。

ついにグラハムは、記事掲載を決断する。「新聞は権力者のためでなく、国民のためにある」。この映画には多数の勇気ある人物が登場するが、その一人が、文書作成に参加したダニエル・エルズバークだ。彼は自らの長期入獄を覚悟の上でリークした。映画にはないが、一九七一年にボストンの連邦検察局に出頭したとき、彼は「ベトナム人数百万、アメリカの青年数万人の死傷者のことを考えたら、私の一〇年の投獄などは容易いことだ」と語ったという。

日本と違うところは、報道の自由を圧殺しようとしたニクソン政権に対して、他のメディアの多くが連帯して闘い、「ニューヨーク・タイムズ」や「ワシントン・ポスト」を孤立させなかったことだ。彼らは、「自由と民主主義」を守るために奔走し、信念をかけて闘った。

連邦最高裁は、「ワシントン・ポスト」の記事掲載支持を決定した。マスメディアと国民の後押しが判決を勝ち取ったとも言える。
安倍政権に追随する日本の裁判所との相違は際立っている。

映画「ペンタゴン・ペーパーズ 最高機密文書」（二〇一七年／アメリカ）
DVD販売元：NBCユニバーサル・エンターテイメントジャパン
（二〇一九年発売）
監督：スティーヴン・スピルバーグ
出演：メリル・ストリープ、トム・ハンクス、サラ・ポールソンウソを暴き、真実に執念を！

「記者たち 衝撃と畏怖の真実」

不屈のジャーナリスト魂

二〇〇三年、ジョージ・W・ブッシュ大統領によってアメリカ軍がイラクに侵攻した。「イラクのサダム・フセインは大量破壊兵器を保有している」というのが開戦の理由だった。しかも、九・一一のテロと無理やり結びつけて。

大手メディア「ニューヨーク・タイムズ」「ワシントン・ポスト」などがこぞって政権の暴走に迎合した。後に、大量破壊兵器は見つからず、戦争の大義は失われ、情報の捏造だったことが明らかになった。

ただし、たった一つ中堅新聞社ナイト・リッダー社の取材チームだけが、孤立無援の状況下で「事実」を一つひとつ確かめ、追求していた。

ハリウッドで大ヒットした、「スタンド・バイ・ミー」や「恋人たちの予感」などを手がけるロブ・ライナー監督の深い思い入れから、本作は生まれた。

「ベトナムに続き、嘘を根拠に戦争を仕掛けることが、自分が生きているうちに二度も起きるなんて、本当に信じられない。すぐに映画化したいと思ったが、方法が見つかりませんでした」。

そんなとき、ナイト・リッダー報道を知り、しかも多くの国民が最近のトランプ大統領を映画「大統領の陰謀」（一九七六年）のニクソン大統領と重ねている状況からヒントを得たという。

「今こそ、メディアが市民に真実を伝えるために闘わないといけません」（ロブ・ライナー）。

この言葉は、今の日本にそのままあてはまる。大手メディアの代表が毎週のように政権サイドと食事をし、記者クラブは政権情報をたれ流すという構図だ（東京新聞や望月衣塑子記者の活躍はみられるが）。気がつけば、世界中のメディアが権力から攻撃を受ける時代になっている。

「あらゆる国家は国民に嘘をつく」と言った人がいるが、ベトナム戦争ではその嘘のために、米兵五万人余が犠牲となった。

ブッシュ政権の嘘は初めからつくられたもので、一般大衆がそれを知らなければ、同じ惨事が再び起こりうる。自由な報道なくして、民主主義は成立しない、とこの映画は警鐘を鳴らしている。

映画「記者たち 衝撃と畏怖の真実」（二〇一七年／アメリカ）
DVD販売元：松竹（二〇一九年発売）
監督：ロブ・ライナー
出演：ウディ・ハレルソン、ジェームズ・マースデン　他

「天安門事件」の真の姿

「亡命」

中国の民主革命はいつの日か

天安門事件について、日本人のほとんどが関心を払わないのはなぜなのか。ドキュメンタリー映画「亡命」は、隣国中国で起こった歴史的事件「天安門事件」を題材に、故郷を追われ、異国の地で不自由な生活を強いられている亡命知識人、作家、芸術家、詩人、政治活動家たちの発言を通して、中国の民主化が意味するもの、そして人間の尊厳について問いかけている。

私たち日本人が、現在の中国を真に理解するためにも、ぜひとも観ておきたい映画だ。東アジアの人々、私たちも含めて、現代中国との関係を抜きにしては、何事も語りえないならば、この映画の投げかけたことに正面から向き合うことが大事ではないだろうか。

作中のインタビューでは、中国人亡命者一人ひとりの人間性や知性、望郷の思いが語られ心を打たれるが、それにもまして、天安門で起きた生々しい実写フィルムは胸に強く訴えるものがある。

一九八九年四月一五日、中国共産党の前総書記胡耀邦《こようほう》が急死した直後から、彼を追悼する形で大規模な学生運動が始まった。胡耀邦はリベラルな政治家で、学生の間では人気が高かったのだ。四月一九日、天安門にある中国共産党本部の前で、学生、民衆と警官隊の最初の衝突が発生した。このとき、「人民日報」が「学生の動乱に反対せよ」と社説で定義づけたことが逆に運動に火をつけた。学生二〇万人がデモに参加し、一〇〇万人の市民が沿道で声援を送ることになる。その映像には迫力がある。

みな大きな希望を胸に抱き、中国を前進させようとした。香港の学生運動を想起させるような一人ひとりの学生たちの顔から、命がけの意志が伝わってくる。

この運動の転機になったのが、五月一三日に始まったハンガーストライキだ。二〇〇〇人の学生がいっせいにハンストに入ると、二〇〇万人という最大規模の抗議デモが北京で起こった。学生たちは、宣言の中で個人独裁打倒、つまり、指導者鄧小平《とうしょうへい》の打倒を叫ぶようになった。ルビコンの川を渡ってしまった。もう引き返せない。

人民解放軍との一進一退の攻防に業を煮やした鄧小平は戒厳令を布告し、ついに発砲許可を出し、六月四日から武力鎮圧が始まった。多数の死傷者が出た。

ある意味、その日にすべてが終わった。ハンストの学生が次々と担架で運ばれるシーン、そして鉄砲の前で血を流して倒れる学生の姿には胸を打たれる。

その後、六月九日の深夜に、政府の発砲で人々が血を流しているシーンについて語る楊建利《ヤン・ジエンリ》の言葉は、私たち日本人に、やり切れない気持ちを起こさせる。

「まさか政府がこんな卑劣で残酷な手段で鎮圧するとは思っていなかった。まるで子どもの頃に観た日本軍が農村に攻めてくる映画のようだった」と。

この場面では、実際に日本軍が戦車で村に侵入し、銃を乱射し、村人を殺害するシーンが流されるのだ。

天安門事件で指名手配され、逃亡生活の末、夫婦でアメリカに亡命した作家鄭義《ジェン・イー》が冒頭、望郷の詩を口ずさむシーンは印象的だ。

「祖国を離れても精神の絆まで断ち切れたわけではない」。

最終的には、本作に記録されている一三人の証言から、事件後の逃亡、逮捕、獄中生活、多くの市民の危険をかえりみない支援など、民主化を求めて闘った姿が蘇る。

中国は、経済発展の続く現代においても、情報封鎖や言論統制という目に見えない壁を築き、民主化の動きを封鎖している。

習近平の来日が実現した時、安倍首相と一体何を話し合うのか、両首脳はある意味仲間を集め、独裁体制を敷いている点で共通している。

いずれ両政権ともに、破綻の時が来るにちがいない。

映画「亡命」（二〇一〇年／日本）
ＤＶＤ販売元：紀伊國屋書店（二〇一二年発売）
監督：翰光（ハン・グァン）
企画・製作：山上徹二郎
出演：鄭義（ジェン・イー）、高行健（ガオ・シンジャン）、王丹（ワン・ダン）、楊建利（ヤン・ジェンリ）、張伯笠（ジャン・ポーリ）、胡平（フー・ビン）、黄翔（ホアン・シャン）、徐文立（シュウ・ウェンリー）他

第5章　差別

中東の貧困と移民問題に挑む

「存在のない子供たち」

「僕を産んだこと」両親を告訴する！

両親を告訴するという衝撃的オープニングから、この映画には圧倒された。フィクションである筈の映画が、まるで現実そのものと言っても不思議ではないと感じるのは、私だけだろうか。

子どもを扱ったいままでの日本映画がいかに幼稚であったかとうなってしまう。わずか一二歳ほどの主人公ゼインの訴えるような悲しげな瞳は、この子の生い立ちと同じようだ。映画初出演のずぶの素人で、役柄とよく似た境遇の子を選び、感情を「ありのまま」に出して、自分自身で生きてもらうという演出が、観客の心を鷲づかみにする。

あらすじはこうだ。中東の貧民窟に生まれたゼインは、両親が出生届を出さなかったために、自分の誕生日を知らず、法的にも社会的にも存在していない。学校へも行けず、路上で物を売るなど、朝から晩まで両親に働かされる。

そうしたなか、唯一の支えだった大切な妹が一一歳で強制的に結婚させられたことを知ったゼインは家出してしまう。行く当てのないゼインは、バスに乗って遊園地の前で降り、仕事がないかと聞いて回るが、誰も相手にしてくれない。

ただ一人、レストランで働くラヒルという女性が、見るに見かねて自分のバラックに連れて帰る。ラヒルにはヨナスという赤ん坊がいて、ゼインに子守りをする代わりに置いてやることにする。

しかし、エチオピア移民のラヒルは、偽造の滞在許可証で働いていた。もうすぐ期限の切れる滞在許可証を獲得する前に、不法就労の疑いで警察に拘束されてしまう。

ラヒルが居なくなり、ゼインは赤ん坊を連れて逞しく生き始めるが、大家に鍵を変えられ閉め出されてしまう。

ゼインが赤ん坊を連れて歩くシーンは、リアリティを通り越して被写体の人物を体現させられる。万策つきたゼインは赤ん坊を偽造屋に渡し、国外に渡る決意をするが、出国には身分証が必要だと提示され、久しぶりに両親の家へ帰った。が、そこで妹が亡くなったことを知り、激昂したゼインはナイフで父親を刺し、禁固五年の刑を言い渡される。

少年刑務所で傷心の日々を送っていたゼインは、社会問題を取り上げるテレビの生放送番組を見て、電話をかけることを思いつく。

「大人たちに聞いてほしい。世話をできないなら子を産むな」というゼインの電話が大変な反響を呼び、弁護士の支援をうけ、ついに両親を訴えることになる。

レバノンで生まれ育ったナディーン・ラバキー監督は、三年間のリサーチ期間を設け、自ら貧困地域や拘置所、少年刑務所を訪れ、目撃したこと、経験したことをフィクションに仕上げた。自らも弁護士に扮して出演するという念の入れ方だ。

この映画は、中東のスラムという、日本からは物理的、心情的に遥か遠い地域を舞台にしているが、すべての子どもたちが「愛される権利」を有するという普遍的な訴えが、私たちの魂に響いてくる。

また、日本で最近多い、児童虐待の事件を目にする度に、この映画を多くの人たちに観てほしいし、子どもたちの未来を考えるキッカケとなればと願う。

映画「存在のない子供たち」（二〇一八年／レバノン）
DVD販売元：Happinet（二〇二〇年発売）
監督：ナディーン・ラバキー（初監督作品「キャラメル」は、六〇ヵ国以上で上映。フランス文化通信省より、芸術文化勲章を授与される）
出演：ナディーン・ラバキー（弁護士）、ゼイン・アル＝ラフィーア、ヨルダノス・シフェラウ（ラヒル）、ボルワティフ・トレジャー・バンコレ（ヨナス）、カウサル・アル＝ハッダード（ゼインの母）、ファーディー・カーメル・ユーセフ（ゼインの父）他

人権回復を訴え続けた闘いの記録

「冴雄二《こだまゆうじ》　ハンセン病とともに生きる――熊笹の尾根の生涯」

運動家、文学者、思想家の背後にあるもの！

二〇一九年七月九日、ハンセン病家族訴訟、国の責任を認めた熊本地裁判決の確定を受け、安倍首相は二四日、原告らと面会し、謝罪した。

参議員選挙前の人気取りであったことは確かだ。仮にそうであったとしても、患者及び家族関係者の長い間の苦労を考えるとき、この和解を喜ぶべきであろうと私は思う。

しかし、一方で私は、安倍首相以下政府関係者がハンセン病についてどこまで理解しているかと考えると、不安を禁じえない。

その意味から、彼らにこの映画「冴雄二《こだまゆうじ》　ハンセン病とともに生きる」をどうしても観て欲しいと心から願う。同時に、私たち日本人の多くの人たちにも観ることを勧めたい。

ハンセン病患者への強制隔離政策に抗い、人権回復を訴え続け、ハンセン病差別撤廃運動の先導者として生きた詩人の生涯を描いたこの映画は、私の胸にズキンと突きささってくるような感動を与えた。

ほとんどの日本人がハンセン病に抱いていた偏見と、差別の長い「負の歴史」が、浮き彫りにされる。

実をいうと私自身、恥ずかしい話、学生時代に読んだ小説『いのちの初夜』（北条民雄著）で、初めて「ハンセン病」のことを知って以来、ほとんど忘れていたに等しい。

この小説は、療養施設に入所してから一週間の出来事や感じたことを手記風にまとめた私小説であったが、絶望の中からの命の叫びを聞いたようで、何故か心に残っていた。

哭き叫ぶ苦痛の火柱を創造れ
……
病むならば
豪壮に病もう。もうぜったいに
くよくよなんかはしないぞ。

開き直った彼の詩の凄みが滲み出ている（『死ぬふりだけでやめとけや　谺雄二詩文集』より）。

一九五一年、谺さんは群馬県の栗生楽泉園に、自らの意思で生きる場を移した。草津栗生楽泉園は非情の地だと、彼は言う。生きることの意味をぎりぎり問う一九歳の若者が、おのれの明日の命を投げ込むに値するところと。

彼は、一三歳のころ、石川啄木に親しみ、手当り次第に本を読み、やがて、日本文学はもちろんドストエフスキー、トルストイ、チェーホフと読破していった。

無我夢中だったんだよ、なぜなんだ、なぜこうなんだ、と自身に問い続けた。八歳でハンセン病を発病し、一三歳で、戦時下の療養所で飢えて死にゆく同病の母を兄と見送った。

一六歳で発病した兄は母を恨み、運命を恨んで一九歳で逝った。

また、草津栗生楽泉園には重監房という名の場所があった。

真冬には零下二〇度まで冷え込み、暖房もない重監房に日本各地から送り込まれた者は九三名、凍え死んだ者は二二名、釈放後に息絶えた者は三〇名に及ぶという。重監房が存在した一九三八年から一九四七年までの九年間の出来事だ。

この楽泉園で、納骨堂に祀られているのは名簿上、一九〇〇名になる。

ハンセン病国家賠償請求訴訟の東京原告団長であった谺さんは、楽泉園の歴史モニュメントとして重監房を復元する運動に取り組み、遂に重監房資料館を完成させる。

現在は、ハンセン病の歴史を後世に伝え、偏見と差別、排除の解消をめざし、普及と啓発の拠点として、見学者を集めている。

谺さんは、壮絶な人生を生きる中で、一九五三年夏にできた「ライ予防法」を廃止する闘いに立ち上がる。そのためには社会とつながることが必要で、「ずたずたにされた名誉を回復してくれ」と訴える。

二〇一四年五月十一日、奇しくも国家賠償請求訴訟の勝利判決の日に、谺さんは亡くなった。

ハンセン病患者の隔離政策を長い間推進した国が厳しく批判されるのは当然だが、元患者と家族を追い込んだのは地域住民や私たち自身であったことを忘れてはならない。

　ハンセン病にまつわる歴史を知る一歩としてこの映画を観ることで、差別や偏見について考え、自らに問う取り組みが、過ちを繰り返さないための礎となろう。

　最後に谺さんの詩を掲げる。

ここに生きる

部屋の柱にかけられた鏡に今朝ふと眼をやって
そこに写し出された私の顔に気づく
ずいぶん久しぶりの顔だったが
一〇歳代で髪が全部抜け落ちた頭に
老いていっそう窪み深めた眼窩の一つは義眼
つぶれた鼻そして歪んだ唇から垂れる涎
ハンセン病後遺症を刻んだ相変わらずの私の顔だが
目の当たりにするとやはりギョッとする
だがしかしこの顔に
時に滴る汗には父から受け継いだ匂いがし
一つだけの瞳には同病の母の最期がやきついている

両親の慈愛と悲哀とが交々こもるこの顔
この顔ゆえにまた今日まで生きて来れたといえる
かつて「らい」と呼び「民族浄化」の名において
国家は患者の強制隔離撲滅政策をおし進めた
戦後民主主義下での完治薬出現も意に介せず
それは強行され続けたのだ
もはや国家に刃向かうしかなかった
私のこの顔は「鬼の顔」となり
人間のふるさと探しの「長い旅」に出た
柊の森の収容所からここ熊笹の尾根の収容所へと
渡り棲んですでに六〇年
この間わが鬼の顔は裁判に訴えてついに国家を断罪
自らの梟木にこんどは国家の正体を余さず曝す

鏡から眼を移し窓越しに空を仰ぐ
くしゃみ出るほどのその青さにたじろぎながら思う
人間のふるさととは何処か
それはあくまで偏見・差別を煽る撲滅政策に抗し

「人権」そのものをしかと見極めたところ
だとすればこの熊笹の尾根こそその場所
いまなお犠牲絶えぬたたかいの歴史を踏まえ
この尾根にきっと人権のふるさとを創りあげるため
私はここに生きる

（二〇一二年）

映像作品「谺《こだま》雄二《ゆうじ》 ハンセン病とともに生きる——熊笹の尾根の生涯」
（二〇一七年／日本）
企画：国立療養所栗生楽泉園入所者自治会
構成・演出：大塚正之
出演：国立療養所栗生楽泉園入所者、職員、元職員の皆さん、姜信子
朗読：杉本凌二
ナレーター：坪内守
聞き手：北原誠

植民地支配、天皇制への反逆
「金子文子と朴烈《パクヨル》」

社会の底辺で見つけた魂の叫び

一九二三年九月、関東大震災が発生した。

日本政府は戒厳令を公布するとともに、他方で「朝鮮人が暴動を起こした」などのデマを流し、自警団や官憲による朝鮮人虐殺を全国各地に引き起こした。

これが、映画の背景になっている日本の現実だ。

私たち日本人にとって痛恨極まりない歴史で、多くの人たちは、できることなら触れずに忘れていたいと思っているにちがいない。

イ・ジュンイク監督は、実在した金子文子と朴烈の心揺さぶる愛の物語として、この事実を映像化した。

しかも、ほぼ韓国のスタッフと俳優だけで禁断の歴史映画として結実させたことは驚嘆に値する。

韓国では、二三五万人の動員を記録したそうだ。

当時の強大な国家権力に立ち向かった、二人の愛と誇りに共感を覚えたといえる。

『余白の春――金子文子』という伝記小説を書いた瀬戸内寂聴さんは語る。

「東京の道端で、金子文子がいきなり朴烈に求愛する場面で開幕するこの映画は、二人が大逆罪で終身刑になるまで、息もつかさせない程の緊張感で、観客の心を捕えて放さない」。

金子文子は、朝鮮人のアナーキスト朴烈が書いた「犬ころ」という詩に心を奪われ、出会ってすぐに朴烈の強靭な意志と孤独に共鳴し、唯一無二の同志、恋人として共に生きることを決めた。

二人の運命を大きなうねりとして変えたのは関東大震災だった。日本政府は人々の不安を鎮めるため、朝鮮人だけでなく社会主義者などを無差別に総検束した。

日頃、警察と対立していた「南葛労働者」(現在の江東区大島)のリーダー九名は、裁判にもかけられず亀戸署の庭で虐殺された。

朝鮮人殺害の犠牲者の正確な数は不明だが、震災犠牲者の数%と推定されている。

自分たちの誇りのために獄中で闘うことを決意した二人の噂は韓国にも広まり、日本の内閣と国家を根底から揺るがす裁判になる。

文子が獄中で書いた自伝にはこうある。「一切の現象は現象としては滅しても永遠の実在の中に存続するものと私は思っている」。

貧困や差別で学校にも行けず、父や母にも捨てられるという過酷な環境で、独学で社会主義思想を学んだ文子を二二歳で獄死させたのは、なんとも無念と思う。

いまの時代に、金子文子の現象は実存し生きているに違いない。

「人間はみな平等。馬鹿も利口も、強者も弱者もない」を信念とする文子にとって、天皇制は差別の根源であり、天皇制の嘘を暴き、法廷で痛烈に批判した文子と朴烈。

その様子を映画は劇的に再現している。
令和に浮かれる時代、彼らの声にいま一度耳を傾けるべきであろう。

映画「金子文子と朴烈《パクヨル》」（二〇一七年／韓国）
DVD販売元：マクザム（二〇一九年発売）
監督：イ・ジュンイク
出演：イ・ジェクン（朴烈）、チェ・ヒソ（金子文子）、キム・インウ、
山野内扶、キム・ジュンハン、金守珍　他

※　参考文献

『余白の春――金子文子』瀬戸内寂聴著、岩波書店、二〇一九年
『金子文子わたしはわたし自身を生きる――手記・調書・歌・年譜』
金子文子著、鈴木裕子編、梨の木舎、二〇一三年

不法移民問題に切り込んだ

「闇の列車、光の旅」

日系アメリカ人作

日系アメリカ人のキャリー・ジョージ・フクナガの長編デビュー作。

いま、アメリカをはじめとする世界中で起きている不法移民問題やその厳しさなどをリアルに描いた映画として注目を集め、英国インディペンデント映画賞など数々の映画賞を受賞した。デビュー作にして、これほどの映画をつくるフクナガ氏とはどんな人物かと思ったら、なるほど、彼は一五歳から各種脚本を書き始めたというからキャリアはもうベテランだった。

フクナガは、ホンジュラスやメキシコ南部に数回行き、実際危険な貨物列車に乗ったり、現地での聞き込み調査を行った。

移民たちと一緒に過ごしたある夜、現金を持った移民がギャングに襲われ、列車から突き落とされ死亡したこともあったという。

脚本はフィクションではあるが、危険な移動をしてきた経験をもつ移民たちに行った聞きこみ調査や、現役のギャングメンバーからも話を聞くという本格的で地道な取材をもとにしただけあって、リアリティがある。

間かけたという。

主演のサイラは、候補者五〇〇人前後からオーディションで選抜し、キャスティングだけで一年

主人公のカスペルは、殺し屋ギャンググループのメンバーの一人だ。このグループは貧困で家族もいない、仕事もない、食べものもない、そんな地域の若者たちから生まれた、一つの家族だ。したがって厳しい掟もある。

一方、サイラは父と共に故郷を捨て、メキシコ経由でアメリカへ移民しようと列車に乗ったところ、ギャング団のリーダーに暴行されそうになる。

カスペルはリーダーを殺して、サイラとその家族と共にギャングから逃れてアメリカに移民しようと必死に逃げる。

切ない結末には触れないが、不法移民問題は私たち日本人にも決して他人事ではない。

いま日本は、世界に例のない少子超高齢化時代を迎えて、一年に三〇万人の人口減が続いている。人口約三〇万人の秋田市が一年で消滅するようなものだ。

すでに二〇〇万人以上の外国人が日本に滞在し、好むと好まざるとにかかわらず、外国人なしに日本の経済は成立しない状況だ。

それに対して、不法滞在者も増加し、収容施設ではまるで刑務所のような待遇になっている。

安倍政権には、移民に関する政策がなくすべて場当たり的である。日本の先行きに不安を覚えるのは私だけだろうか。

映画「闇の列車、光の旅」（二〇〇九年／アメリカ・メキシコ）
DVD販売元：Happinet（二〇一一年発売）
監督・脚本：キャリー・ジョージ・フクナガ
出演：エドガル・フローレス（カスペル）、パウリナ・ガイタン（サイラ）
他

イギリスで起きたこと、それは日本の姿だ

「ピケをこえなかった男たち――リバプール港湾労働者の闘い」

ケン・ローチ監督

労働者の尊厳と誇りを守る闘い

まったく個人的な好みだが、尊敬すべき映画監督といえば、一人はアンジェイ・ワイダ、もう一人はケン・ローチにつきる。

二人は映画の作風も違うが、歴史としての現代に正面から取り組む姿勢では共通している。私とは年齢的にも同世代に属するし、社会的テーマの底辺にある問題を掘り起こす精神に共感する。

今回は、ケン・ローチのドキュメンタリー「ピケをこえなかった男たち」を中心に彼の作品について語ろう。

副題として「リバプール港湾労働者の闘い」とあるように、解雇された仲間のピケを破らず、連帯を示しただけで解雇された五〇〇人のリバプールの港湾労働者への愛情を込めて描いた、ＴＶドキュメンタリーの日本語版である。

戸塚秀夫（国際労働研究センター）氏の評によれば、その時点ですでに二年に及ぶリバプール港湾労働者の不屈の闘いを現場の組合員、家族支援者たちの表情と肉声をとおして、見事に描きあげている。

かつて、イギリスの労働組合運動の戦闘的拠点の一つであったリバプール港湾労働者がなぜ、いま、このような困難な闘いを強いられているか。その困難にもかかわらず、この長期の闘いを支えている労働者の「モラル」や「文化」とは何か。ケン・ローチはそこに焦点をしぼっている。

規制緩和の先進国イギリスでは、サッチャー政権のもとで、一九八九年に全国港湾労働計画が廃止された。港湾労働者は日雇い労働者に置き換えられ、港湾は民間資本が管理運営するようになった。

この物語は日本でも決して「他人ごと」ではありえない。「柔軟な」労働力利用、臨時・短期雇用の拡大、いわゆる規制緩和、民営化、下請化と、現代の労働運動の普遍的テーマが盛り込まれている。

ローチはイギリス労働者階級の立場から、常に労働者の生き方と社会のあり方を見つめてきた。第一作の「夜空に星があるように」(一九六七年)以来、作品づくりにブレることがない。ローチはリアリズムを基調としながら、一貫して労働者階級を見つめ、イギリスの良心たる監督として、世界に評価されている所以であろう。

リバプールといえば、多くの人が思い出すのはビートルズの故郷であろう。産業革命とともに発達した港町で、事件は起こった。小さな荷役会社トーサイドで、残業代を払わないと言った社長に抗議した五名の港湾労働者が、いきなり解雇された。

　日雇い労働者に替える動き、日雇い化に拍車がかけられた。親会社の労働者は、解雇された子会社の張ったピケットラインを越えることを拒否したため、全員解雇された。この五〇〇名の闘いを加盟労組「運輸一般労組」（ＴＧＷＵ）は支援しようとしなかった。

　家族ぐるみの厳しい闘いは、世界中の港湾労働者に知れわたり、支援の輪が広がり、国際統一行動が実施された。アメリカ、スウェーデン、デンマークで二四時間ストが行われ、日本でも時間内に食い込む職場集会が実施されるなど、二七ヵ国一〇五港で連帯行動が取り組まれた。

　このリバプールの二年近い闘いの記録は、「その後どうなったのだろう」と思う。

　このドキュメントに結末はない。ケン・ローチにとって重要なことは、孤立無援（支援もあったが）で闘っている労働者の姿そのものであったに違いない。

　ケン・ローチについて書こうとすれば、それこそ、一冊の本ができるほどだが、ここでは私が注目する作品について簡単に紹介しよう。


「麦の穂をゆらす風」


　二〇〇六年のアイルランド・イギリス合作映画で、アイルランド独立戦争とその後のアイルランド内戦をめぐって対立する兄弟を描く。

　私は、映画の背景に流れる、独立を渇望する哀愁を帯びたメロディーを聞く度に、何故か涙ぐんでしまう。

武器を持ってアイルランド独立のため共に闘った兄弟が、最後に敵と味方に分かれ、兄が弟を銃殺刑にする場面と共に、どうしても忘れられない作品だ。

「ジミー、野を駆ける伝説」

一九三二年、庶民が理不尽な抑圧を受けていた時代、アメリカから、故郷のアイルランドにジミーは帰った。

しかし、そこには、かつてジミー自身が建設したホールを心よく思わぬ勢力がいた。これは、彼らと闘った実在の人物ジミー・グラルトンの伝記だ。

教会や地主といった権力を持つ者たちに弾圧されながら、それでも仲間と共に闘い、活動するさまを重厚にみずみずしく描写する。

アイルランドの片田舎の風景は「麦の穂をゆらす風」と共通のものがある。

「大地と自由」

一九三六年から三年にわたって、フランコ率いる反乱軍とスペイン人民戦線政府の間で発生したスペイン内戦を描いた作品。

イギリスの青年が、ファシズム打倒のため民兵組織に参加する。人民戦線内部で勢力を増すスターリン主義者の圧政に翻弄されるさまを生々しく、迫力に満ちた塹壕戦の映像とともに力強く映し出す。民兵組織の内部対立、分裂など見どころも多い。

日本人の義勇兵として唯一人参加したジャック・白井の話は川成洋（中公文庫）の本に詳しい。

「わたしはダニエル・ブレイク」

イギリス北東部、大工として働く五九歳のダニエル・ブレイクは心臓病を患い、医者から仕事を止められる。国から援助を受けようとするが、あまりにややこしい制度に途方に暮れる。

そんな中、二人の子どもを持つシングルマザー、ケイティと出会う。

この家族を助けたことから、彼らの間で交流が生まれる。ダニエルとケイティたちは、貧しいなかでも、寄り沿い合い、絆を深めていく。しかし、厳しい現実が彼らを次第に追いつめていく。

ケン・ローチは、前作の「ジミー、野を駆ける伝説」を最後に、引退を表明していた。しかし、現在のイギリス、そして世界中で拡大しつつある格差や貧困にあえぐ人々を目の当たりにして、今どうしても伝えたい物語として製作された。

この映画は日本の現状とまさに軌を一にする。

アベノミクスの破綻による貧困問題。

特に「子どもの貧困」問題は深刻だ。日本の子どもの七人に一人が貧困状態にある。

また、映画のケイティと同じく、日本では、母と子の一人親所帯の半数以上が貧困に苦しんでいるといわれる。一人親所帯の貧困率は、ＯＥＣＤ加盟国三五ヵ国中ワースト一位だ。

ケン・ローチの眼ざしはまるで日本を見つめているようだ。

映画「ピケをこえなかった男たち――リバプール港湾労働者の闘い」
（二〇〇九年／イギリス）
ＤＶＤ販売元：ビデオプレス（二〇〇九年発売）
監督：ケン・ローチ

心をえぐられた真実の告白

「沈黙　立ち上がる慰安婦」

立ち上がる慰安婦

二〇一七年、釜山にある日本総領事館前に、市民団体が慰安婦像を設置したことに対して、日本政府と釜山と姉妹都市を結ぶ福岡市が抗議した。同じく、サンフランシスコ市に慰安婦像が設置されたことに、姉妹都市の大阪市長は姉妹都市関係を解消する書簡を送った。

二〇一三年五月、橋下大阪市長は、沖縄での米兵による女性レイプ犯罪に関して、「慰安婦制度は必要だった」とし、「沖縄の米司令官に風俗の活用」を進言したという。

また二〇〇七年には、安倍首相や櫻井よしこは「慰安婦が強制的であったという証拠はない」と発言した。

いったい、日本の政治家や一部の評論家は何を考えているのだろうか。これら一連の出来事や行為は、日本の過去を直視しようとせず、戦争を美化する偏狭で危険極まりない発言と言わざるをえない。安倍首相、橋下大阪市長、櫻井よしこたちは、この映画「沈黙」を見るべきだと思う。

「慰安婦」問題を考える上で大切なことは、被害事実を知ること、被害者の声に耳を傾けることであろう。韓国の人たちがどうしてこれほどまでに慰安婦像に執着し、「恨」にこだわるのか、少しは理解できるであろう。

彼女らは一五、一六、一七歳の花の年頃に、ある日突然、日本軍によって強制的に連行され、数年にわたり、日本兵の恐るべき性暴力に蹂躙されたのだった。証言に立ち上がることすら命がけなのに、右派政治家やヘイトスピーチをする人は、追い打ちをかけるように、女性たちはお金のために働いたので娼婦と同じだなどの発言を繰り返していた。

彼らには連行されたときのユン・グムネさんの話を聞かせよう。

「その頃、若い娘たちが、次々日本人に連れ去られていたので、私は朝から友達と畑や山の中に隠れ、夜遅くなってから家に帰るようにしていました。こん棒と刀をさした巡査が立っていたのです。道には車が停まっていて、軍人が大声で私を車に引っ張り上げ、車の中に押し込んだのです。私は助けを求めて泣き叫びましたが、軍人は『声を出すな、泣くな』と脇腹を軍靴で蹴飛ばし、体中を殴られ、乗せられてしまいました。あの時殴られたせいで、今も片方の耳は聞こえません……。駅につくと、汽車の中には大勢の娘たちが乗っていました。みんな必死で泣き叫んでいましたが、殴り、蹴られ、黙らされました」。

九〇歳のイ・オクソンさんは、一七歳のとき北満洲の「慰安所」に連行された。戦後五〇年を経て沈黙を破り、立ち上がった。

一九九四年五月、「被害者」自ら「被害者の会」を結成し、イ・オクソンさんたち一五人は、日本政府の謝罪と個人補償を求めて来日した。全員が白い民族衣装を身にまとい、死んだ多くの仲間への哀悼を表し、その無念を引き継いでいた。担いできたお米とキムチで自炊して国会前に座り込み、五〇年の「恨」を全身で訴えた。そんな彼女たちに対し、日本政府は門を閉ざして、力づくの排除に出た。

イ・オクソン氏（右）　©2017 朴 壽南

日本政府が「法的責任は解決済み」と応じないことから、その後も彼女たちは再三来日し、日本軍の犯罪を証言し名誉と尊厳の回復を訴えた。

九六年、村山内閣は「女性のためのアジア平和国民基金」を民間で行うよう呼びかけたが、彼女らはこの事業に反対し、あくまでも日本政府による直接の謝罪と補償を求めた。その間、日本各地で集会に参加したり、高校に招かれたり、交流の輪が広がった。

ハルモニ（おばあさん）たちは、重い口を開いて自らの体験を少しずつ語った。体の具合が悪いと断る彼女に銃剣を突き付けて、無理矢理犯した将校のこと、その傷あとが今も深く残る人、逃げないように入れ墨を彫られた人のこと、当時うつされた梅毒などの病気で戦後も苦悩に満ちた生活を強いられたこと、病院に行くお金もなく、亡くなった仲間のことなどだ。

加害者である日本人はどのように償えばよいのか。この事実を一部、軍部指導者だけの責任にすれば済むものだろうか。

朝鮮人慰安婦は、一日四〇人から五〇人の日本兵に陵辱された。

「女たちの戦争と平和資料館」によれば、日本軍慰安所は、北のソ連・満洲国境付近から南のパプアニューギニア付近まで、およそ日本軍の侵攻したところ全てに存在した。一〇〇ヵ所は下らない。慰安婦の数二〇万人の国籍は、朝鮮、中国、台湾、フィリピン、その他、日本も含めたアジア人全体に及ぶ。

被害事実の大きさ、重さ、女性たちの痛みや悲しみを知り、日本政府が真摯な謝罪と補償をするように働きかけるのが、せめてもの私たち日本人の責任ではないだろうか。

前置きが長くなったが、この映画を制作したのは朴壽南《パク・スナム》監督だ。この人は日本で生まれ、日本で育った今年八二歳になる在日韓国人だ。

彼は、「沈黙」を作った動機を次のように語る。

「二〇一五年一二月二八日、韓日合意が発表された。これを読んで言葉が出なかった。どこにも被害者の声が出ていない。被害者不在の合意なんてありえない。私は人間の一番奥深い怒りは沈黙だと思い、撮りためていた慰安婦問題をまとめて映画（「沈黙」）の完成を急ぎ、二〇一六年のソウル国際女性映画祭に間に合わせました」。

映画では、随所に胸を打たれる場面があるが、イ・オクソンさんが国民基金交渉のとき、突然完璧な日本語で、「我らは皇国臣民なり、忠誠を以て君国に報ぜん」という「皇国臣民の誓詞」を朗々と暗唱したことには驚かされた。つまり、彼女はその場で、侵略戦争の責任は日本の天皇にあると言ったのだ。

©2017 朴 壽南

映画「沈黙 立ち上がる慰安婦」（二〇一七年／日本・韓国）
沈黙 立ち上がる慰安婦 Wix.com（https://tinmoku.wixsite.com/docu）
監督：朴壽南
編集・プロデューサー：朴麻衣
撮影：大津幸四郎、ハン・ジョング、チャン・ソンホ、朴麻衣、カン・テウン、イ・ヨンチョル
音楽：ユンソンヘ
うた：イ・オクソン

日本のシンドラー

「命のビザ」

敬愛される杉原千畝の生きざま

六〇〇〇人のユダヤ人を救った日本の外交官、杉原千畝については、私の前作（『青年歌集と日本のうたごえ運動』二〇一三年刊）でも触れたが、この人と、私は何か不思議な絆で結ばれているような気がしている。

杉原千畝は、反町隆史主演で再映画化（二〇〇五年）され、東洋のシンドラーとして話題になった。スティーヴン・スピルバーグ監督が「シンドラーのリスト」を製作したのは一九九三年で、実は加藤剛主演で「命のビザ」が製作されたのはその前の一九九二年だった。その頃、日本の人々の間では杉原さんの存在はほとんど知られていなかった。

私はかつて、バルト三国、エストニア、ラトビア、リトアニアを旅したとき、リトアニアの旧日本領事館「杉原千畝記念館」を訪れて、杉原さんが実際に職務についていたところを見学した。

周知のように、杉原さんは、リトアニアで領事をしていた時代、領事館に押し寄せたポーランドからの難民ユダヤ人たちに、本国に反いて日本直通のビザを発給した。

「私を頼ってくる人を無視するわけにはいかない、でなければ私は神に背くことになる……」とナチスの恐怖から追われた人を一人でも多く助けたいと、半月間、昼夜を分かたずペンが折れ、腕が動かなくなるまでビザを書き続けた。また、ロシア語が堪能な彼は、ロシアから立ち退きを要求されていたが、ロシア大使館に赴き、通過ビザまでとりつけ、ユダヤ人のために尽力した。

あの暗い時代にあって、志の高い杉原さんには心から感銘をする。

さて、なぜ加藤剛氏の「命のビザ」を取り上げたかといえば、彼は大学時代の演劇仲間（劇団自由舞台）で、私はよく加藤君らと発声練習や演技の勉強をした。彼は父上が校長先生というだけあって実直、生真面目な男で、雑誌「世界」や「新劇」など熱心に読んでいた。

後年、グローブ座で「コルチャック先生」の劇で彼と再会したことがある。

第二次大戦下のポーランドで、ナチスドイツの迫害と闘いながら子どもたちを救出する話で、コルチャック役は彼が最もやりたかった役だと語っていた。

その彼が二〇一八年に急死したことから、私には、「命のビザ」の杉原役がコルチャック役と重複しているかのように思えて、名優加藤剛追悼のために取り上げた次第である。

また偶然、杉原さんも、早大高等師範英語科に在学し、同じ大学に学んだという縁がある。さらに、私の大学の後輩で友人の鬼君の父上（東北大ロシア語教授）は、満州ハルビンで先生をしていた杉原さんからロシア語を学んだということも、何か不思議な運命的な糸を感じた。

もう一つのつながりといえば、私は直接杉原さん（一九六〇年死亡）に会うことはできなかったが、奥さんの幸子夫人とは何度かお会いして、杉原さんの生前の素晴らしい人柄についてお話を伺うことができた。

そして、後には東京の恵比寿で、夫人と杉原千畝展をささやかに催したことも思い出に残っている。

映画「命のビザ」（一九九二年／日本）
DVD販売元：株式会社カズモ（二〇一〇年発売）
監督：大山勝美
原作：杉原幸子
出演：加藤剛、秋山久美子、紺野美沙子　他

誰が教室を窒息させるのか

「映像'17　教育と愛国～教科書でいま何が起きているのか～」

毎日放送映像取材班の斉加尚代による「教育と愛国～教科書でいま何が起きているのか～」は、ギャラクシー賞を受賞した番組だ。

今この映像を観ることは大変有意義だが、同時に岩波書店から出版された斉加尚代の『教育と愛国――誰が教室を窒息させるのか』を合わせて読むと、教育行政の変質、荒廃などがより一層鮮明になってくる。

また、これらの教育を受けた子どもたちが、大人になってどのような思考や行動をとるか、把握できるであろう。

大阪毎日放送のディレクター・斉加尚代は、東京でいえば望月衣塑子のような人で、橋下徹（大阪維新の会等）を果敢に批判し、取材した数少ないメディア人だ。

国旗国歌強制問題などでも、その危険さを質問した記者会見で、橋下が怒り狂って彼女を攻撃した一幕もあった。

そして、「学校の先生たちがここ数年、とても息苦しさを感じているという声を聞き、教育現場で何が起きているのかという問題意識から取材を始めた」のが今回取り上げた番組だ。

さまざまな取材を重ね、視聴者に対して教科書に関する発見や驚きを共有してもらいたいと思ってまとめた、三ヵ月の記録である。

率直に言って、私もこの番組を見るまで、教育行政がここまで政治的圧力によって介入されていることを知らなかった。

教科書の検定制度がいかに不合理、理不尽なものであるか。

戦後、復興まもないころ、文部省が作成した学習指針「自主的、自律的人間の形成」という言葉とは真逆の方向にどんどん進んできたのが「検定制度」だ。

二〇一八年四月に導入された「道徳教科」。戦後七三年ぶりに道徳が教科に格上げされ、二〇一九年には中学校でも道徳の授業が始まった。

道徳教科書にどのような検定意見がつけられ、教科書出版会社がどう修正に応じたか。

その検定に「国や郷土を愛する態度に照らして」「不適切」との意見をクリアするために「パン屋さん」の場面が消え、「和菓子屋さん」に書き換えられたなど、ほとんど笑い話のようなことが現実に起こって、パン屋さんの業界が怒りの声を上げたという。

給食にパンを提供している業界としては当然であろう。

戦時中、国民学校で使われた国定教科書では、多くのことが書き換えられた。

ドレミを使ってはいけないとハニホヘトに変えて歌ったなど。

斉加尚代はそんなことを思い出して、修正する編集者は必死なのだろうが、一連の行為に背筋が寒くなったという。

二〇〇六年、第一次安倍政権で戦後初めて見直された「改正教育基本法」には、「我が国と郷土を愛する」という条文が盛り込まれた。

教科書会社にとって、検定制度は、出版と採択というゴールを目指すうえでの関所のようなものだ。新しい教科書を完成させて、教室で使われるようになるには最低でも丸三年の歳月がかかり、そのためには数千万円の先行投資が必要だという。

仮に教科書検定に合格しなければ、世界最高水準の知見を盛り込んだ優れた教科書であっても、教科書として採用されない。

ドキュメンタリーでは、そのあたりを編集者や関係者に、社名はオープンにしないと頼み、片っ端から話を聞いて取材した。

そこから、教科書編集者が文部省の強いコントロール下で教科書をつくっていることが浮び上がってきた。

その結果、戦前からの大手出版社「日本書籍」は、まともな民主主義や人権問題を扱ったため、ほとんど採用されず、とうとう倒産にまで追い込まれてしまった。

実は、「日本書籍」が倒産に至った経緯と、「新しい歴史教科書をつくる会」の発足には一連の関係がある。

藤岡信勝東大教授（当時）の呼びかけで一九九七年に誕生した「つくる会」には、小林よしのり（漫画家）、高橋史郎（明星大学教授）、西尾幹二（電気通信大教授）ら九人の人たちが加わった。

その声明にはこう書かれていていた。

「この度検定を通過した中学七社の近現代史の記述は、日清、日露戦争まで単なるアジア侵略戦争と位置づけている。それればかりか、明治国家そのものを悪とし、（中略）例えば『従軍慰安婦』強制連行説をいっせいに採用したことも、こうした安易な自己悪逆史観のたどりついた一つの帰結であろう」。

「つくる会」は、慰安婦に関する日本軍の関与や強制を否定する、「歴史ディベート」（わなにかける）の提唱者と同一であった。

そして、藤岡の設立した「つくる会」と同じ年に、右派の結束と大同団結を掲げる政治団体「日本会議」が発足した。

周知のように、安倍晋三をはじめ、安倍内閣の大半が所属する団体でもある。

二〇一七年には、安倍首相は「憲法改正」へのビデオメッセージを流した。

戦争の被害と加害の両面をしっかり学んでほしい、そんな編集方針を曲げずに通した「日本書籍」が倒産に追いやられてから、教科書会社が文部省に従う自主規制に拍車がかかった。

映像で流れるワンシーンは印象的だ。

荒川の河川敷で語る一人の編集者。

「業界の中でもですね。いろんな中で編集者が頑張ろうとすると、日本書籍の二の舞を演じるのかという意見が経営内部から……やっぱりそういう圧力的な発言が編集者にあったと聞いていますね」。

番組の冒頭とクライマックスには、安倍晋三が登場する。

安倍の大胆な発言。

「教育目標の一丁目、一番地に道徳心を培う」。「私はいまから約一九年前、衆議院に出るときの目標として道徳教育を復活するというのを出して、教育基本法を実現することができました」。「（教育に）政治家がタッチしていけないのかと言えば、そんなことはないですよ。当たり前じゃないですか」。

なるほど、二〇一五年に例の森友学園問題で、塚本幼稚園児が「安倍総理ガンバレ、安保法制、国会通過良かったです！」と宣誓したシーンや、昭恵夫人が安倍からですと一〇〇万円渡すところなどが思い出される。

「つくる会」や「日本会議」などの勢力が一貫して歴史の叙述を修正し、日本の歴史をことさら美化して、国民を一定の方向に向かわせようとする力は、日本社会に影響を与えている。

日本社会は以前から「同調圧力」が極めて強く、子どもたちの一人ひとりと向き合い、個性を尊重する教育を優先したくても、集団行動に埋没してしまうケースが多いと教員は語る。

選挙の度に保守系が勝利し、国民が自律的判断をせず「同調圧力」に屈してしまうのは、やはり教育制度に起因していると映像は語っているように思う。

つまり、いまの教育は「規格化人間の製造」だということだ。

斉加尚代の提起した問題は、いま日本人の私たちが共通して思考し、行動する課題であろう。

番組は、MBS 動画イズムＨＰで閲覧可能（有料）
https://dizm.mbs.jp/title/?program=eizou_series&episode=9

テレビ番組「映像'17 教育と愛国 ～教科書でいま何が起きているのか～」（二〇一七年七月三〇日／日本）
ディレクター：斉加尚代（毎日放送）
プロデューサー：澤田隆三

史上初めて在日問題を映画化

「伽倻子のために」

コリアン青年と日本人女性の恋

「伽耶子のために」は「泥の河」に次ぐ小栗監督デビュー二作目で、三年の歳月をかけて完成した。ところが、上映は東京の岩波ホールと大阪の三越劇場でひっそりと上映されたにもかかわらず、右翼のいやがらせにあって、その後、劇場やテレビで取り上げられることはなく短期間で終了したのは、大変残念だった。

一方、海外では仏独伊各国映画祭で受賞するなど、高い評価を受けた。

この内外の激しい落差と現在の日本の姿が重なり、多くのことを考えさせられる。

映画そのものは、露骨な反日感情が溢れていたわけでなく、在日コリアンの青年と日本人女性の淡い恋を扱ったもので、特に嫌がらせを受けるほどのものではない。この映画が公開されたのは一九八四年のことで、特に排外的ナショナリズムが高まっていたわけではない。「在日韓国・朝鮮人」を描いたということだけでターゲットにした、差別主義者の偏狭な態度だったのだろうか。

いま、日本では「慰安婦」「徴用工」問題などが話題になっているが、私はそれ以前に日本で暮らす七〇万人の「在日韓国・朝鮮人」問題を抜きにして論議することはできないと思う。その意味で小栗監督が一〇数年前にこの映画を撮ったことに、彼らしい鋭い時代意識を感じる。亡くなった岩波映画の高野悦子さんが「日本映画史上初めて在日韓国・朝鮮人問題に一歩踏み込んだ作品となった」と書いている。

映画の舞台は、一九五七年から翌年にかけての北海道と東京のコリアン社会だ。主人公のイム・サンジュニ（呉昇一）は、北海道に暮らす在日コリアンの息子で、少女伽耶子（日本人の子として生まれたが樺太から日本へ逃れる途中に親に捨てられ、朝鮮人に拾われ、育てられた）と知り合い、愛を深め合ってゆく。

しかし、伽耶子は在日コリアンの親から溺愛されるものの、それが重荷になって、家出をしてしまう。

彼女は自分を捨てた実の母親を頼っていくが、そこにも彼女の居場所はなかった。

一方、サンジュニは心当たりを探し回った挙句、彼女の行方を探し当てる。サンジュニは彼女を東京の下宿に連れ帰り、共同生活を始める。二人の愛が絶頂を迎える頃、北海道の養父母が彼女を連れ戻しに訪ねてくる。伽耶子は養父母とともにサンジュニから去っていき、二人はその後再会することはない。

在日コリアン社会の複雑な状況が迫力をもって語られる。

日本社会の中で、在日コリアンは一人前の人間として自立できないという苦悩が、少女の眼に焼きついている。

現在、「在日差別」は安倍政権下で増幅されている。

「朝鮮人は国へ帰れ！」「北朝鮮のスパイ」などのヘイトスピーチがある。あまりの酷さに取り締まりに乗り出した自治体（川崎市など）もある。

また、朝鮮学校の授業料無償化除外が、最高裁で「適法」とされた。

人種差別問題は、日本人が避けて通ることのできない問題として、一人ひとりが考えていかねばならない。

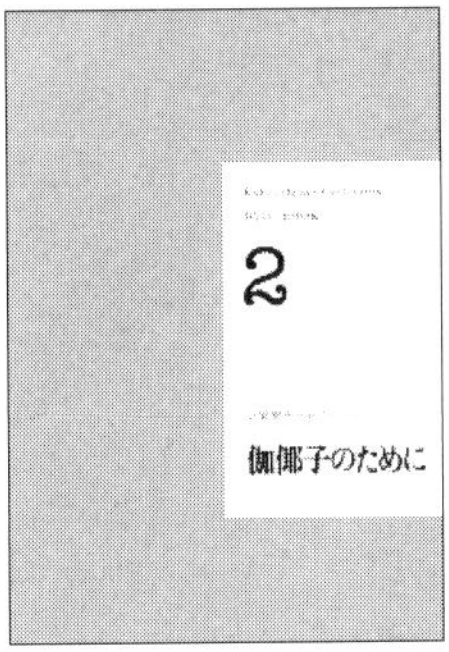

映画「伽倻子のために」（一九八四年／日本）
DVD＋BOOK『小栗康平コレクション2「伽倻子のために」』駒草出版
監督：小栗康平（他の監督作に「泥の河」「死の棘」「眠る男」など。以前にも書いたが、小栗監督と私は浅からぬ縁があり、彼が有名になる以前、アルバイトで私の会社で取材の仕事をしてもらったことがある。大学の後輩）
原作：李《り》恢成《かいせい》
出演：呉昇一、南果歩、浜村純、園佳世子、加藤武、川谷拓三、左時枝　他

第6章　裁判

冤罪青春グラフィティ

「獄友《ごくとも》」

司法の闇に迫る！

いわれのない罪を着せられ、嘘の自白を強いられ、とてつもなく長い時間を獄中で過ごした五人の冤罪者たち。これは、彼らの釈放後の姿をとらえたドキュメンタリー映画だ。

在日コリアン三世の金聖雄《キム・ソンウン》監督は、ストレートに冤罪を世に訴えるという手法ではなく、冤罪者の五人を「獄友」と呼び、獄中での毎日を懐かしそうに語り、笑いとばす「青春グラフィティ」として描いた。

彼らにとって「獄中」は生活の場であり、学びの場であり、仕事場でもあった。

「冤罪被害」という理不尽な仕打ちを受けながら、無罪が証明されることを信じ、懸命に生きた「青春の場」として語られている。

ときに、涙し、怒り、絶望し、狂い、あるいは笑いながら。

監督いわく「私が獄友たちと出会い、沙婆での日々にカメラを向け始めてから七年。失われた「青春」を取り戻すように生きる獄友たちの姿を追い続けた。失われた時間の中で、彼らは何を失い、何を得たのか。獄友の生きざまから司法の闇、人間の尊厳、命の重さを感じずにはいられない」。

監督の意図に最も近い生き方は、「布川事件」で強盗殺人犯としてデッチ上げられ獄中で二九年を過ごした、杉山卓男さんと桜井昌司さんであろう。二人はもともと友人同志だった。獄中でもお互いに支え合い、後に「不運であったけれど、不幸ではなかった」という言葉は、ごく自然に出てきたものだろう。

獄友集合　©Kimoon Film

しかし、彼らが犯人に仕立られた過程では（映画にはないが）、それこそ度外れた警察の取り調べがあった。事実は決して忘れられないと桜井さんは語っている。小さい部屋で警察官二人に「お前が犯人だ、自白しろ」と連日連夜責められ、抵抗する気持ちが失せるほど続けられ、終いにはどうにでもなれという気にさせられたという。

また、「お金がないので、国選弁護士だったのですが、この人は元裁判官だというのに、『わたし無罪なんです』と言ってもまったく聞こうとせず、六回の公判まで、無実の事案を一言も言わず、辞めちゃいました。この弁護士こそ布川事件を作り上げた功績者ですよ」。

改めて、冤罪の恐怖と無実を主張し続ける困難さが浮き彫りにされる。

他の三人は監督の主張とは異なり、むしろ「不運であり、不幸でもあった」ということであろう。

獄中四八年の袴田巌さんは重い拘禁症を患い、姉の袴田秀子さんの必死の援助にもかかわらず、いつ死刑になるかもわからない恐怖に苛まされた結果、出獄後、精神的に辛い症状が現れている。二〇一四年、再審決定後釈放されたが、検察が抗告したため、今もって死刑囚に変わりはない。

同じように、獄中三一年七ヵ月の石川一雄さんは、一九七七年に無期懲役が確定し、一九九四年に仮釈放されたが、いまだ第三次審請求中で嫌疑は晴れていない。

獄中一七年六ヵ月の菅家利和さんは、四歳の女児殺しで犯人にされたが、二〇〇九年にDNAの再鑑定で無実が証明され、無罪が確定した。

いまだ無罪が確定していない袴田さんと石川さんのため、「獄友」三人と家族たちが深い絆で支援している様子が生き生きと描かれるシーンは感動的だ。

映画の音楽プロジェクトに参加した小室等さんは、「やっていない罪を着せられ、長年拘束された挙句、死刑に処するなんて、あまりにひどすぎます。しかもそんな目にあっている人がいるという状況を世の中のほとんどの人が知らない……」と。

この映画が多くの人に「冤罪」について考え直すキッカケになればと思う。

日本の刑事裁判の有罪率が常に九九・九%だということは、なにより「冤罪」が生まれやすい環境にあるということだ。

警察、検察、裁判官がそろって「冤罪」をつくっている現状は、まさに「国家ぐるみの犯罪」と言っても過言ではない。

このような「冤罪」をなくすため、二〇一九年三月には、映画にも登場する桜井昌司さんたちが「冤罪犠牲者の会」全国組織を発足させた。

警察、検察、裁判官の「加害責任」を問い、そのための法整備をめざしている。

©Kimoon Film

映画「獄友」（二〇一八年／日本）
公式サイト（http://www.gokutomo-movie.com/）
監督：金聖雄
出演：桜井昌司、菅家利和、石川一雄、袴田巌、杉山卓男　他
音楽：谷川賢作
プロデューサー：陣内直行
※　この映画は七〇〇人の個人や団体の方々の協力金で作られた。応援団に谷川俊太郎、小室等、鎌田慧、周防正行などがいる。

生涯かけて「水俣病」を問うた土本典昭

「水俣病シリーズ」

水俣病患者の闘いの記録

「水俣病」といえば、日本における公害病のすべてが凝縮されているといっても過言ではない。それ故、多くの人たちの関心を呼んだ。

筆者の主宰する雑誌「世代の杜」でも、仲間のU君は現地に何度も足を運び、今もって水俣病患者の悲惨な状況を取材している。

文学を通して世に知らしめた作家は、やはり石牟礼道子であろう。

彼女は、生涯をかけて水俣病の悲惨さを『苦海浄土』で体現した。

また、この問題に映像で取り組んだ人が、今回取り上げる土本典昭だ。彼も死ぬまで「水俣病」に打ちこみ「水俣病シリーズ」の力作を残した。

筆者は彼のちょうど一〇年後輩になるが、早大での学生運動や共産党入党など、まるで彼の後を追いかけるような思想的、運動的体験をしていたので、土本の飛び抜けた実践力には素直に共鳴できた。

卒業後、土本と親交のあった親しい先輩・三ツ松要（早大全学協議長）から紹介を受けて、数日話をする機会もあった。

筆者は、前作『青年歌集と日本のうたごえ運動』で、土本の「原発切抜帖」を取り上げ、土本がいかに社会変革の理想とロマンに燃えていたかを書いた。

彼が二〇〇八年に逝去してから、早くも一〇年余の月日が流れた。

一昨年、没後一〇年の特別企画として、彼の全作品三四本が東京で上映された。

その一つ「水俣病」は、彼を世界に知らしめることになった記録映画の記念碑的作品だ。第一回世界環境映画祭グランプリの他、多数の賞を受賞している。

「水俣一揆、一生を問う人びと」は水俣病判決の後、チッソ本社と水俣患者の闘いの記録である。

土本典昭 監督

「医学としての水俣病三部作」は、医学者チームの研究と記録を網羅し、水俣病の医学を俯瞰した三部作だ。水俣病をわかりやすく解説し、今日に残されている医学的課題についても言及している。

「不知火海」は、有機水銀に汚染されながら漁民が漁を続ける豊饒の海、不知火海のこと。終わらない水俣の苦悩と甦りの希望を描く。

有機水銀の排出元はチッソだということがわかっていながら、詭弁やゴマカシで騙し、国が公式に原因と認めるまで、実に九年を要した。

この間、有機水銀を含む工場排水がたれ流され、多くの水俣病患者が発生、放置されてきた。

この背後には、目先の事情にとらわれてなすべきことをしない行政や企業、また「自分たちに害が及ばなければいい」と見て見ぬふりをしてきた市民たちがいる。

この状況が変わらない限り、いつ別の公害が起こるかも知れない。いや、核や原発などですでに起こっているのではないか。

土本典昭の記憶を呼びもどし、いま一度世に問うべきであろう。

連作映画「水俣病シリーズ」
監督：土本典昭（記録映画作家。一九二八年岐阜県生まれ。岩波映画製作所を経て、一九六三年「ある機関助士」でデビュー。「ドキュメント路上」「パルチザン前史」など発表の後、一九七〇年代以降「水俣病」シリーズ一七本を連作。他にアフガニスタン関連作も三本を数える。二〇〇八年六月二四日逝去）

「水俣　患者さんとその世界」

ウチらの命はなんぼなん？

「ニッポン国ＶＳ泉南石綿村」

アスベスト禍を闘う

三〇年前、あの「ゆきゆきて、神軍」を世に出して、私たちをびっくりさせた原一男監督が満を持していたかのように作ったドキュメンタリー映画だ。

原は、よほど見るに耐えなかったのだろう。監督の怒りがじーんと胸に伝わってくる。撮影を開始して足かけ五年、ニッポンという国から棄てられた市民が国に問いかける姿をカメラは追いかける。

アスベストという物質汚染によって被害を被った人たちを、細部まで神経を尖らせながら、新しい表現方法で見せ尽くしている。

二〇〇六年、大阪泉南地域のアスベスト工場で働いていた労働者と家族が、損害賠償を求めて国を訴えた。

八年に及ぶ裁判、その間、患者たちがどれほど苦しみ、生活が破壊されたのか、その細部を写す。呼吸困難のため、酸素吸入で口から鼻に管を通したままになった、寝たきり患者。

アスベストの恐ろしさは、肺に吸い込むと長い潜伏期間の末、発症することだ。

岡田英祐さんの母は、いつからか血行が悪くなり、手と足が白くなってきたという。

「うまく酸素が吸えないんです。やがて全く動けなくなり、絶えず呼吸困難な発作を起こすようになり、ついに亡くなりました。もう、真綿で首を絞められているような一四年間でした。最後は絞め殺されたという気持ちです」。

石綿によって多くの人が肺を患った。時限爆弾をかかえ、苦しみ、怯えて暮らし、肺ガンや中皮腫の末、亡くなる人もいる。

国は、七〇年も前からアスベストの調査を行い、健康被害の事実を把握していたにもかかわらず、規制や対策を怠ってきた。

経済発展を優先するという理由から、放置してきたのだ。

患者と家族たちは、せめて裁判に勝って自らの怒りや苦しみを慰めようとした。

「どうせ裁判をしたって、勝つことないわよ。国の方が強いに定まっているから」という声を抑え、立ち上がったのだ。

そして、初めて国に勝った泉南の一握りの原告たち、しかしながら、勝っても、勝っても彼らにささやかな幸せはやってこない。

なぜなら、国は地裁、高裁、最高裁へと逃げ込み、残酷にも時間はいたずらに過ぎるからだ。

あまりにも優しすぎる原告たちに、原監督の檄が飛ぶ。「なぜもっと怒らないのか」。

国は控訴をくり返し、裁判を長びかせ、多くの人を死に至らしめた。

アスベストの生産は禁止になったが、アスベスト裁判は、建設労働者や近隣住民によって現在でも全国各地で多数行われており、終わりがない。

水俣病や四日市ぜんそくなど、他の公害病と同じように。

国や地方行政、官僚たちの許しがたい軽率と誤謬が、大勢の国民を不幸のどん底に貶めていることをこの映画は訴えている。

映画「ニッポン国VS泉南石綿村」（二〇一七年／日本）
DVD販売元：Happinet（二〇一九年発売）
監督：原一男（他の監督作品に「ゆきゆきて、神軍」「全身小説家」「極私的エロス・恋歌一九七四」など）
出演：泉南地区患者及び家族、その支援者たち

「凡庸なる悪」アイヒマンを追究

「ハンナ・アーレント」

世界中で大批判や論争を起こす

ナチスの戦犯アドルフ・アイヒマン裁判に立ち会ったハンナ・アーレントを主役とする映画。アーレントは戦時中、収容所に入れられていたが、後に夫と共にアメリカに亡命し、ニューヨークで政治評論家として活躍していた。

ある日、「ニューヨーカー」からアイヒマン裁判傍聴記の依頼を受け、記事を発表する。アーレントは、仲間も含めて多くのユダヤ人たちが思い描いていた人物像とは異なり、アイヒマンは命令に従っていただけの平凡な人間で、「凡庸な悪」にすぎないと語ったことで大論争を巻き起こした。

彼は平凡であり、人間が思考を停止し、機械の一部品となった見本であるという主張は、ユダヤ人社会から多大なバッシングを受ける。

ナチスを擁護しているのではないかという感情論まで出た。

アイヒマンは絶対的な悪ではなく、命令に従っただけの小役人だという発言は、映画の実像映像を見比べても、かなり説得力があった。

所詮つまらない人間ほど巨悪の根源になりうるという証明をした彼女のレポートは、糾弾されるのを承知で書いただけあって真っすぐで、冷静であった。

映画のクライマックス、学校の講義で彼女が熱弁を振るう姿に、はじめ当惑していた生徒たちが、だんだん引き込まれ、ついには拍手を送る学生たちと、一人椅子を蹴って出ていく同僚教師の対比が象徴的だった。

アーレントは「命令に盲目的に従い、考えることを止めることは人間であることを止めることであり、人間を止めたらどんな残酷なことでもしてしまう」と言う。

彼女のこの言葉は、私たち日本人にも、ずっしり重くのしかかってくる主張ではないだろうか。

戦時中の日本兵の行跡そのものともとれる。

戦争に送られた人間は、ただ自分の前にいる敵しか見えない。上司の命令に従い単なる物体を倒すように人を殺す。

その日本兵も、家に帰れば当たり前の平凡な家庭人にちがいない。

が、現実には南京大虐殺にみられるように、アジア太平洋地域の大勢の人々を殺傷した歴史がある。

アーレントは、アイヒマンを「凡庸なる悪」と称したが、見方を変えれば本当は凡庸を乗り越えた「有能なる悪」なのではないか。

それは「ユダヤ迫害に関わった彼の歴史」を見れば明らかだ。

ユダヤ人の財産没収から始まって、彼らの強制移住、ポーランドでは一〇万人のユダヤ人を最終処刑地アウシュビッツなどへ移送させる指揮をとったのだ。

ヒトラーの命令に従ったとはいえ、これら一連の行為は有能でなければ決してできなかったであろう。

ところで、現代の日本でも、戦時の日本兵と酷似した光景が通覧できるように思える。人殺しこそしないが、安倍政権に忖度する官僚や戦前回帰をめざす「日本会議」に同調する政治家、評論家、経営者など、「凡庸なる悪」がマスコミやSNSを通じて台頭している。二度と同じ過ちを繰り返さないために、この映画から多くを学ぼう。

映画「ハンナ・アーレント」（二〇一二年／ドイツ・ルクセンブルク・フランス）
DVD販売元：ポニーキャニオン（二〇一四年発売）
監督：マルガレーテ・フォン・トロッタ
出演者：バルバラ・スコヴァ、ジャネット・マクティア、アクセル・ミルベルク、ユリア・イェンチ、ウルリッヒ・ノエテン　他

第7章　ジェンダー

世界を変えたのは平凡な女性たち

「未来を花束にして」

初めて女性参政権を闘い勝ちとった

一九一二年のイギリスを舞台に、参政権を求めて声を上げた女性たちの姿を描く感動作だ。映画は、かつての彼女たちがいたから、今のあなたがあると言っている。

一〇〇年以上も前の話だが、いまの日本の女性たちが立ち上がっている姿とダブって映るのは私だけだろうか。

女性のための働き方改革とか、山積する育児や教育の問題。底辺にあるセクハラ、パワハラに直面しながら、政権や社会に向かって人権と民主主義を訴えている現代日本の女性たちには、ぜひともこの映画を観てほしい。

「すべての娘たちはこの歴史を知るべきであり、すべての息子たちはこの歴史を心に刻むべきである」と、本作に出演した女優メリル・ストリープは語る。

主人公は二四歳のごく平凡な女性だ。家族を愛し、目の前の仕事に熱心に取り組む、私たちとなんら変わらない平凡な人物。そんな彼女が、あるきっかけで自らの置かれた境遇に疑問を持ち、「もっと人生に選択肢があってもいいのではないか」という思いから、参政権運動に踏み出す。政治に参加する権利や職業選択の自由などは、男性だけが謳歌していた時代だった。未来を担う子どもたちのために声を上げた彼女の闘いは、生き生きとしているが、たくさんの犠牲と苦労をもともなった。幼いころから、洗濯工場の過酷な労働に投じ、工場長のセクハラを受ける主人公を繊細に情感たっぷりに演じるキャリー・マリガンの姿は胸を熱くさせる。

映画には、「サフランジェット」と呼ばれた女性参政権運動にかかわった実在する人物が二人登場する。

一人はサフランジェットたちを率いて、圧倒的な支持と忠誠を受けた、メリル・ストリープ演じるエメリン・パンクハーネスト夫人。

彼女は中流階級の上品なレディーだったが、階級をこえた連帯をつくり労働者階級の女性もメンバーにして、「女性社会政治同盟（ＷＳＰＵ）」を設立した。「言葉より行動を」をモットーに、過激な手段を用いて女性参政権運動を世に知らしめた。

もう一人は、映画の最後に、競馬場で「殉教」するエミリー・ワイルディング・ディビソン。彼女を葬送する場面では、実写映像が使われている。

女性参政権は多くの血を流し、命がけで勝ち取ってきた権利であるというメッセージが伝わってくる。

デモに参加した大勢の女性が警官に殴打され、逮捕される場面や、刑務所でハンガーストライキを行う女性を数人で押さえつけ、鼻や口からチューブを挿入し、流動食を流し込む場面もある。

当時の女性の賃金は、男性の二分の一から六分の一ほどであったといわれ、しかも男性より長時間働いていた。家では育児や家事もしなければならず、参政権は女性たちの抱える日々の苦しみを解決するものと考えられた。

自分の生き方に目覚め、子どもたちの希望あふれる未来のために声を上げた女性たち。そして、その「夢」を勝ち獲った真実の物語に心から感動を覚える。

ちなみに日本で初めて普通選挙法が施行されたのは一九一二年（大正元年）。ただし、二五歳以上の男性だけ。婦人参政権が認められたのは一九四五年だ。

映画「未来を花束にして」（二〇一五年／イギリス）
DVD販売元：KADOKAWA（二〇一七年発売）
監督：サラ・ガヴロン
脚本：アビ・モーガン
出演：キャリー・マリガン、ヘレナ・ボナム・カーター、ブレンダン・グリーソン、メリル・ストリープ　他

「あしたはどっちだ、寺山修司」

「天才か怪物か」知られざるドキュメント

寺山修司に関する書籍は、本人の著書や多くの人たちのエッセイや評論を含めると数百冊に及ぶ。日本の作家や文化人で、これほどたくさんの人たちから話題にされ、愛された人物は他にいないだろう。

しかも、没後四〇年近くたった現在も、彼の作品や言葉は延々と語り継がれているのだ。

というわけで、映画として取り上げるにも何を選ぶかというのは悩ましい限りだが、今回はあえて、相原英雄監督の「あしたはどっちだ、寺山修司」のドキュメンタリーを紹介することにした。

この映画について、相原は次のように語る。

「けっして固い歴史物や偉人伝ではありません。ミステリを見るように謎解きを楽しんでくださ い。寺山世界を楽しんでいただきたいのです。心に残る何かを発見できると確信しています。価値観を転倒させ、意識に革命を起こす寺山スピリッツは、今でも十分魅力的です。寺山の発する既成概念をぶち壊すエネルギーの原点があります。語られることのなかった真実の寺山を見ていただきたいと思います。ここちよい挑発を楽しんでください」。

書を捨てよ、町へ出よう

寺山修司 氏　©photo by Taiji Arita

さすが、若い頃に寺山の自宅まで会いに行ったという相原だけあって、思い入れの深さが感じられる。

実は、一九三五年生まれの寺山は私より三つ年上で、一九六〇年代、八〇年代を駆け抜けた彼とは時代を共有する。

爆発的な才能を発揮してわずか四七歳の若さで亡くなった寺山と比べたら、彼の倍近い年を重ねた私は赤面の至りだ。

寺山は周知の通り、演劇、映画、写真、エッセイ、短歌、作詞などあらゆるジャンルに広がる多くの賞を受賞、世界的に評価されたが、常に異端者のレッテルを貼られ続けた。

映画は、謎につつまれた寺山の本当の人生を追う。

三〇以上の戯曲を書いて上演した、実験劇場「天井桟敷」の場面だ。

「演劇による革命」を標榜し、演出方法は過激を極めた。その典型的事件を見つめる。

一九七五年四月一九日、東京の新宿周辺に数百人の若者が、寺山が計画した壮大な市街劇「ノック」の上演を待っていた。

杉並一帯で三〇ヵ所、三〇時間に及ぶ市街劇を一切の許可をとらず、ゲリラ的に行う。

無法地帯になることを恐れた警察が厳戒態勢に入り、「フラッシュモブ」（不特定多数が口こみで公共の場に突然集まること）が実現すると、予想通り騒動になった。劇団員は逮捕され、寺山も警察に呼ばれた。

寺山は、警察の出動や批判するマスコミさえも市街劇の一部と考えていた。

他にも、ミイラ男が団地に侵入し、警察に逮捕される場面や、観客や住民も気づかない街中を舞台にしたりする。

これら寺山の創作や思想に影響を与えた原点を相原監督が探るうちに、驚くべき過去が浮かび上がってくる。

彼は、青森や三沢の親族や同級生たちを訪ね、証言を得た。

そして、寺山の市街劇は「国家権力へのリターンマッチ」だったというメッセージに辿りつく。

寺山はアナーキストを自負し、演劇を通して国家権力に立ち向かおうとしていたことがわかる。

「引き金を引け、言葉は武器だ」

なお、この映画には『寺山修司――過激なる疾走』を書いた高取英も出演している。

高取英は寺山の後継者と呼ばれ、劇団「月蝕歌劇団」を主宰した。

実は、高取は大学卒業後、私の会社に就職し、出版編集に携わっていたが、その頃の彼は寺山の事務所に下宿していたくらいだから、よほど寺山に心酔していたにちがいない。

高取を通して、私と寺山もつながっていたというべきだろうか。

高取は一九八五年に劇団を設立し、私は彼の父親代わりというか相談相手にもなっていて、公演は毎回欠かさず見学していた。

だが、残念なことに、二〇一八年の一二月に心疾患でこの世を去った。

「天井桟敷」は、寺山の一代限りという言葉通り終了したが、高取の「月蝕歌劇団」は娘さんの白永歩美さんが受け継ぎ、いまも健在だ。

私は、これからも劇団の支援を惜しまないつもりだ。

最後に、一〇〇〇曲以上といわれる寺山の作詞した曲から、私の最も好きな一曲を紹介しよう。

この曲は、ザ・フォーク・クルセイダーズ、カルメンマキ、加藤登紀子らが歌っている。

戦争は知らない

寺山修司　作詞／加藤ヒロシ　作曲

野に咲く花の　名前は知らない
だけども野に咲く　花が好き
帽子にいっぱい　つみゆけば
なぜか涙が　涙が出るの

戦争の日を　何も知らない
だけども私に　父はいない
父を想えば　ああ荒野に
赤い夕陽が　夕陽が沈む

いくさで死んだ　悲しい父さん
私はあなたの　娘です
二十年後の　この故郷で
明日お嫁に　お嫁に行くの

見ていて下さい　はるかな父さん
いわし雲とぶ　空の下
いくさ知らずに　二十才になって
嫁いで母に　母になるの

（なお、高取英が寺山の芝居をやるときにはこの曲を必ず流す）

映画「あしたはどっちだ、寺山修司」（二〇一七年／日本）
監督：相原英雄
出演：寺山修司、河田悠三、かわなかのぶひろ、京武久美、佐々木英明、佐々田季司、笹目浩之、J・A・シーザー、白石征、昭和精吾、高取英、九條今日子　他

※　寺山の映画作品「みな殺しの歌より　拳銃よさらば」「乾いた湖」「わが恋の旅路」「夕陽に赤い俺の顔」「涙を、獅子のたて髪に」「初恋・地獄篇」「無頼漢」「サード」「長編　怪盗ジゴマ音楽篇」「書を捨てよ町へ出よう」「田園に死す」「ボクサー」「草迷宮」「上海異人娼館／チャイナドール」「さらば箱舟」　他

※　寺山の有名な短歌一首
マッチ擦る　つかのま海に　霧深し　身捨つるほどの　祖国はありや

※　高取英（一九五二年生まれ。二〇一八年享年六六歳没。劇作家・演出家・マンガ評論家・大正大学、京都精華大学教員、過激で心優しき異端の劇詩人（日刊ゲンダイ　山田勝仁）。作品に、映像「アリスの叛乱」「聖ミカエラ学園漂流記」、TV映画「荒ぶは天国、もぐるが地獄」、著作『ネオ・ファウスト地獄変』他）

思想に、行為に自由に生きた大杉栄

「エロス＋虐殺」

〝美は乱調にあり〟
〝縊《くび》り残され花に舞う〟
大杉栄

大正時代のアナーキスト大杉栄や伊藤野枝たちと現代の若者たちを前衛的手法で対比させて描いた作品である。

一九六九年にフランスで公開されてセンセーションを巻き起こし、吉田監督の名をヨーロッパに知らしめたことでも有名だ。

この映画には現代に通じる多くのテーマがあり、改めてこの作品の強烈さが胸に迫る。

吉田喜重の作品の底流には〝家父長制〟つまり、男性優位主義への抵抗が共通して流れている。本作では、戦時中は〝愛国心〟、戦後は〝道徳心〟と、形を変えながらも日本人の行動を支配している不文律に異を唱えているといえる。

二〇一九年一二月に発表された男女格差の国際比較で、日本は過去最低の一二一位という不名誉な順位をもらっている。

吉田監督の嘆く顔が浮かんでくるようだ。

日本人の精神の根底に棲みついている強力な〝男性優位感覚〟に異議を唱えることの困難さを実感させられる。

大杉栄については、鎌田慧の『大杉榮――自由への疾走』に詳しいが、関東大震災に便乗した思想弾圧によって殺害された、短くも鮮烈な反逆の人生を生きた人だ。

大杉は、獄中に入る度に新しい言語をマスターするという勉強家でもあったが、エスペラント語の普及に努めたり、ファーブル昆虫記を初めて翻訳したりとマルチな活動家だった。

同時に、彼の自由な精神は、インターナショナルな革命ともいえる先見性をもっていた。

クロンシュタットの水兵を弾圧し、他の革命勢力を力でねじふせたレーニンやトロツキーなどのボリシェビキ批判を行った稀有の人だ。

ソ連の崩壊を予知していたのだろうか。いわゆる「党派の論理」や左翼の縄張り争いの不合理性も早くから指摘していた。

批判の自由を留保しつつ、あるべき革命の道と主張した。

現代にも通じる柔軟な思想の持ち主だった。

しかも、彼は非暴力主義だった（一度だけ警官を殴ったことはあるが）。

吉田監督の映画でもう一つ重要なテーマは、朝鮮人虐殺であろう。

大杉、伊藤らを裁判にもかけず殺した憲兵や警察は、関東大震災の混乱の中で多数の朝鮮人をも殺害した。

推定犠牲者は数千名といわれている。しかも、「混乱に乗じて朝鮮人が凶悪犯罪、暴動など画策しているので注意すること」という下達を出したのは政府であった。この内容が新聞や行政機関に広まり被害が発生した。

そして、在日朝鮮人や韓国人への偏見は現在にも脈絡している。

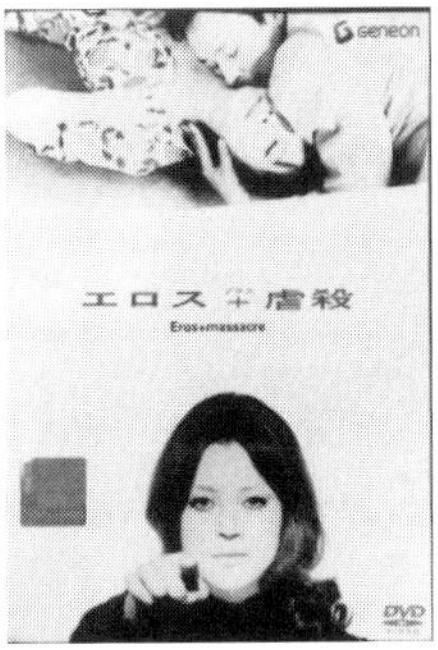

映画「エロス＋虐殺」（一九七〇年／日本）
ＤＶＤ販売元：ジェネオン エンタテインメント（二〇〇五年発売）
監督：吉田喜重
脚本：吉田喜重、山田正弘
出演：細川俊之（大杉栄）、岡田茉莉子（伊藤野枝）、楠侑子（正岡逸子）、高橋悦史（辻潤）、八木昌子（堀保子）、稲野和子（平賀哀鳥）、原田大二郎（和田究）、川辺久造（畝間満）他

第8章　貧困

中国出稼ぎ労働者の愛おしい人間を見つめる

「苦い銭」

働けど働けど暮しは？

王兵《ワン・ビン》監督の映画にはいつも度肝を抜かれる。

驚嘆させられるといってもよい。

私は「鉄西区」（山形国際ドキュメンタリー映画祭グランプリ、リスボンやマルセイユの国際ドキュメンタリー映画祭、ナント三大陸映画祭などの最高賞）にはじまり、「無言歌」「三姉妹～雲南の子」「収容病棟」など数々の国際賞に輝いた映画を観てきた。

そして、「苦い銭」である。

何がそんなに秀逸かというと、いずれの作品も取り上げるテーマや着想が斬新であるばかりでなく、彼の思想が濃厚に折り込まれていることだ。

「苦い銭」は雲南の故郷を遠く離れて、出稼ぎ労働者が多い雲南岸の街へと向かう三人の若者の姿を追う場面から始まる。

彼らは言う。

「苦い銭を稼ぎにいくんだ」（苦い銭とは文字通り苦しく稼ぐ）。

そこは、出稼ぎ労働者が八〇％を占める街なのだ。個人経営の縫製工場は一万八千を超え、農村出身の労働者が三〇万人以上暮らしている。

日本に送られてくる安価な衣料品も、彼らの手によって作られているであろうことが想像できる。朝から晩まで働いて（ほとんどの労働者が朝七時から夜一二時まで）、わずかな賃金をもらう。

ここでは、私たちの知っている中国人の爆買いもバブルも、別の世界だ。

一四億人が生きる巨大中国の片隅で、わずか一元の金に一喜一憂する出稼ぎ労働者たちの真の姿が描かれる。

王兵監督の独特の撮影方法（カメラの存在を消すとまで言われるワンショットの長回し）で、厳しい環境にありながらも瑞々しい人々のありのままの姿が、観る者の目に入ってくる。

手を休める隙もなくアイロン掛けをする少女の紅潮した頬にきらめく胸に響くような一瞬を、カメラは見逃さない。

また、ある夫婦げんかを長時間にわたって写す場面があるが、片手の不自由な夫が妻の髪の毛を摑んで何度も殴りかかるところがまた、半端でなく凄い。止めに入る友人もいるが、妻は、殴られてもお金をもらうまではと椅子にしがみついて動こうとしない。

やはり、一元のお金に人生をかける底辺の人たちだ。

このようなシチュエーションが極めて自然に次々と現れる。

そこに出てくる人たちの人間関係やコミュニケーションのつなぎ方が、精緻を極めていて素晴らしい。

思わず感動してしまう。

映画は、二〇一四年から二〇一六年にかけて撮影されたというから、ごく最近のことだ。

人々は当たり前のようにスマートフォンや携帯電話を使って、遠く離れた故郷と会話をしている。

その現代的様子とは裏腹に、狭くて粗末な住まいのギャップには驚かされる。

王兵が描く現代中国は、格差社会の徹底された姿だ。

私たちが接する中国人は、来日して平均二〇万円近く消費すると言われているから、その格差のほどが知れる。

爆買いをする一部の裕福な中国人たちとはまるで異なるということを、日本人も理解しておこう。

日本の相対的貧困率は、先進国の中では中国やアメリカに次いで三番目となっている。

中国の現実は決して対岸の火ではない。

映画「苦い銭」（二〇一八年／フランス・香港）
DVD販売元：紀伊國屋書店（二〇一九年発売）
監督：王兵（ワン・ピン）
※　王兵の他の主な作品
「鉄西区」（二〇〇三年／中国）働く人民の日常生活と工場での日課を写した一部。労働者階級の両親と若者を写した二部。鉄路の職

に依存した人々の姿を描く三部。五五六分の長尺ドキュメンタリー。

「無言歌」（二〇一〇年／香港・ベルギー・フランス）　文化大革命前に起きた中国共産党による弾圧がもたらした悲劇。中国では現在もタブーとされている史実を題材に人間の尊厳を問う物語。

「三姉妹　雲南の子」（二〇一二年／香港・フランス）　中国で最も貧しいとされる雲南の寒村で、幼い三姉妹の日常を追ったドキュメンタリー。両親は出稼ぎ（？）で不在のため、長女一〇歳、次女六歳、三女（四歳）で暮らす。

「収容病棟」（二〇一三年／香港・フランス・日本）「入院」より「収容」といった様相を呈した雲南省の精神病院。二〇〇人以上が異常なふるまいを理由に入院している。隔離された精神病院に三ヵ月半密着したドキュメンタリー。暴力的な患者、非暴力的な患者、法的に精神異常というレッテルを貼られた者、政治的な陳情行為をした者、二〇年以上入院生活を送る者と、さまざまな患者が暮らす。

密航移民者を救う

「ル・アーヴルの靴みがき」

日本の移民たちは？

フランスの港町ル・アーヴルで靴磨きをする男を中心とする物語。フィンランドの監督アキ・カウリスマキによる、「ラヴィ・ド・ボエーム」（一九九二年）以来二回目となるフランス語の映画だ。カンヌ国際映画祭コンペティション部門で上映され、FIPRESCI賞を獲得した。

港町ル・アーヴルで暮らすマルセルは、ベトナム移民のチャングとともに靴磨きに精を出し、病に侵されつつあると自覚する妻アルレッティとささやかな生活を楽しんでいた。

そんなとき、ボンから船が着き、密航者の少年イドリッサがマルセルの家に転がり込む。少年は警視の目をごまかし、ロンドンに密航するつもりだが、なかなか目的を果たせずにいた。冷酷な警視モネがもう少しのところでイドリッサたちを捕らえようとしたが、密航者たちを庇う人々の人情に触れて、事実を見逃してしまう。その頃、妻の病も奇跡的に良くなる。

いかにもカウリスマキらしい情の細やかな演出で観客をホッとさせる。私はなぜか彼の映画に魅せられて、ほとんどの作品を観ている。不思議な思いをさせる監督なのだ。

また、私はフィンランドという国そのものにも引き付けられ、二度ほど歴訪した。一度などは、カウリスマキが経営するというヘルシンキのバー（Kate Moskva）まで行ってしまった。地下の薄暗いバーでひとり、ワインを飲みながら、マキの映画のシーンを回想したものだ。さらに、ヘルシンキの街並みには彼の映画の面影が随所にあって、非常に気に入った。

話は逸れたが、映画の主なテーマは移民問題で、いまや、アメリカでは最大の課題となっているが、他方、海に囲まれた日本ではどうなっているだろう。

私が近くのコンビニへ行くと、売り子はいつもアジア系の若い外国人で、たどたどしい日本語ではあるが、丁寧で親切だ。もはや日本では、在留外国人抜きに経済は成立しないのが実情ではないか。にもかかわらず、政府の働き方改革などの基本スタンスは以前と変わらない。

要するに、長時間労働、安い賃金で外国人を使い、同時に日本人も非正規雇用を増やし、外国人と同じレベルの働き方を強要しているのだ。

その結果、過労による労働災害が頻発し、自殺者が後を絶たない。国民を貧乏にしただけのアベノミクス。極言すれば、人間使い捨て国家に成り下がったといえる。

話をフィンランドに戻そう。堀内美喜子によれば、フィンランドは国民の幸福度が世界一という。フィンランド人は午後四時に仕事を終え、睡眠時間は平均七時間半以上、夏休みは一ヵ月とる。一日二回のコーヒー休憩もある。なんともうらやましい限りだ。

有休消化一〇〇%、一人あたりのGDPは日本の一・二五倍、在宅勤務は三割になる。彼らは仕事も、家族も、趣味も、勉強も何にでも貪欲だ。やりたいことはやる。でもゆとりのある働き方、生き方なのだ。

どうして日本人にはできないのだろうか。日本には自然に恵まれた環境がたくさんある。それを生かして、ゆとりある生活をとり戻すことが可能なはずだ。

フィンランドでは上司をファーストネームで呼ぶ……。このことは私たちに大切な示唆を与えてくれるように思う。

官僚や上司への忖度を止めるだけで変わることもある。自主的意志によって生活や環境を変えられることはないだろうか。

映画「ル・アーヴルの靴みがき」(二〇一一年/フィンランド・フランス・ドイツ)
DVD販売元:キングレコード(二〇一三年発売)
監督・製作・脚本:アキ・カウリスマキ
出演:アンドレ・ウィルム、カティ・オウティネン、ジャン=ピエール・ダルッサン、ブロンダン・ミゲル 他

第9章　独立

沖縄「抵抗精神」の支柱

「米軍が最も恐れた男 その名は、カメジロー」

「不屈」「孤高」「非妥協」の男

第二次大戦後、米軍統治下の沖縄で唯一〝弾圧〟を恐れず米軍にNOを叫んだ「不屈」の男、瀬長亀次郎のドキュメンタリー映画。

演説会を開けば毎回何万人も集め、人々を熱狂させた男。

瀬長亀次郎の抵抗と信念は、現在も沖縄に脈々と受け継がれている。

故・翁長雄志、そして現在の沖縄県知事・玉城デニーに。

二七年にわたったアメリカ軍事占領を経て、日本復帰後四五年が経っても、なお沖縄に基地が集中するなか、沖縄の人々が基地反対の声を上げ続ける、その原点こそ瀬長亀次郎の生き様にあった。

当時の貴重なフィルムの数々をふんだんに盛り込んだこの映画は、非常に高い評価を得ている。

ノンフィクション作家の吉永みち子さんは「もし、今亀次郎さんがいたら……。沖縄の苦しみを背負ったその視線は、米軍の先に日本政府を見据えていることだろう。不屈の魂の前に思わずうつむいてしまうヤマトンチュの自分がいることを思い知らされる」と語っている。

たしかに亀次郎が生きていたら、それこそ日本政府のすすめる辺野古の埋め立てには身体を張って闘っていたのではないかと想像できる。

とにかく、亀次郎の抵抗精神は半端ではない。彼は、戦前に治安維持法で投獄され、戦後も一九五四年に人民党員をかくまった容疑で逮捕されたにもかかわらず、一九五六年に出獄後、米軍の数々の妨害をはねのけ那覇市長に当選した。

瀬長人気に恐れをなした米軍は、なんとか彼を陥れようと、投獄の過去を理由に無理やり追放、被選挙権も剥奪してしまった。

しかし、一〇年後、瀬長は再び被選挙権を回復、立法院議員に当選、一九七〇年には沖縄初の衆議院議員になり、以後七期連続で当選した。

その間、徹底的に米軍権力と向き合い、沖縄民衆の先頭に立って、祖国復帰を可能にした。

いまの若い人たちは、沖縄で何が起こったかを知らない人がほとんどだが、太平洋戦争末期、沖縄全体が地上戦となり、兵士以外の一般島民も多々犠牲となった。住民の四人に一人が死んだ。集団自決もある悲惨な歴史だ。亀次郎と民衆が共有した暗黒の時代を二度と起こしてはならないために、沖縄住民は声を上げている。

過日、玉城知事が誕生した沖縄知事選挙には、私も沖縄へカンパを持参の上、応援にかけつけた。新潟知事選で勝利したノウハウを選挙事務所で伝え、さらに県庁を訪れ、同様の趣旨を副知事にも文書で告知した。玉城知事は予想を上回る圧倒的勝利をすることができた。

しかし、安倍政権は県民投票の結果をも無視、米軍普天間基地の辺野古への移設工事を再開した。

その裏には、いわゆる日米合同委員会の存在がある。「米軍＋官僚」が国の支配より上にあるというわけだ（矢部宏治著『知ってはいけない 隠された日本支配の構造』に詳しい）。

一方、日米両政府の合意で、在沖縄海兵隊の六割をグアム、ハワイに移すことが確認されている（米軍会計年度二〇二五会計年度の前半）。

とすれば、この先一三年以上もかかる辺野古新基地建設に、何の意味があるのだろうか。

「辺野古が唯一の解決策」だと呪文のように繰り返す政府の狙いは、実は自衛隊「水陸機動団」＝日本版海外派兵の出撃基地として使用するために造ろうとしているのではないか。

映画「米軍が最も恐れた男 その名は、カメジロー」（二〇一七年／日本）
ＤＶＤ販売元：ＴＣエンタテインメント（二〇一九年発売）
監督：佐古忠彦（「沖縄に通い始めてから二〇年以上が経つが、いつの日か向き合いたいと、ずっと思っていた人物が瀬長亀次郎だった。その眼光の鋭さの一方で、笑顔はとても親しみやすく、みんなが『カメジロー』と親近感を持って、敬称をつけずに呼ぶ、そこにこの人物の存在感が表れている」）
出演：瀬長亀次郎、山根基世、沖縄住民　他
音楽：坂本龍一
語り手：大杉漣

市民が歴史を動かす

「タクシー運転手 ～約束は海を越えて～」

約束は海を越えて

韓国で観客動員数一二〇〇万人を突破した大ヒット作品だ。

韓国現代史上、最大の悲劇となった光州事件（一九八〇年五月）を題材に、真実を追い求めた一人のドイツ人記者と彼を乗せたタクシー運転手の実話をもとにした物語である。

当時、韓国ソウルでは、軍事独裁政権に抗議する学生たちのデモがくり広げられていた。だが、タクシー運転手のマンソプにとっては、商売の邪魔でしかなかった。妻と死別し、一人で娘を育てるのに必死だった。

戒厳令が発令されるなか、マンソプは一人のドイツ人記者を客として乗せる。ペーター記者は民衆が弾圧されている情報を知り、真相を取材するため、外部と遮断されている光州に入ろうとしていた。いくつかの検問をくぐり抜けて、二人の行ったところは、民主化運動鎮圧に投入された戒厳軍と抵抗する市民が激突する状況だった。空挺部隊は市民、学生に対して実弾射撃を開始した。市民側も、郷土予備軍の武器庫から奪った武器で武装し、抵抗した。必死に抵抗する市民を容赦なく殺傷する軍隊。その場面をペーターは命がけで撮影する。市民、学生側に数多くの死傷者が出た。

マンソプも、一人の人間として見て見ぬふりはできなくなった。「俺はタクシー運転手、客が行けと言えば、どこへでも行く」。彼はペーターと行動を共にする決意をした。とは言っても、家に残してきた娘が気になっている。

ペーターは、通訳を兼ねたガイドの学生と運転手のマンソプの力を借りて、徐々に悪化する状況の中で街の様子を撮影する。

この記録は、ドキュメンタリー「岐路にたつ大韓民国」として全世界に発信された。戒厳令下、言論統制された光州事件を伝えた唯一の報道として絶賛を浴びた。

この事件で、韓国軍は米韓合同司令部の下にあり、鎮圧作戦はアメリカの指示で行われたと見なされた。民主化運動を圧殺する側にたったアメリカに対して、反米感情が一気に盛り上がったとも言われている。

一九八七年の民主化宣言、翌年の全斗煥大統領の退陣。そして、金泳三大統領によって、「五・一八民主化運動」と規定され、光州事件の犠牲者は、国家による虐殺の犠牲者として正式に認められた。

二〇一八年、文在寅大統領は光州三七周年式典に出席して、「五・一八民主化運動は全ての国民が記憶して学ぶべき誇らしい歴史」だと演説した。

そして八月、韓国で映画「タクシー運転手」が封切られた。

最後に、光州事件に関する二つのエピソードを紹介しよう。

一つ目は、映画「光州五・一八」で、制止を振り切ってデモに向かおうとする高校生たちに、校長先生が最後に歯磨きチューブを手渡す場面がある。デモといえば催涙弾、催涙弾といえば歯磨きが常識になっていた。韓国の催涙弾はガスではなくて、微粒子のパウダーでできている。このパウダーが目、鼻、口の粘膜に付着して激しい刺激を引き起こす。これに対抗するため、市民や学生たちは目の周りに歯磨きを塗ってラップを貼り付けることで目を保護し、マスクにも歯磨きを塗り込んで鼻や口の粘膜を守ったという。さして効果はなかったが、それ以外の方法がなかった。

二つ目は、チャン・フン監督によれば、事件の最中に盗難事件は一件もなかったという、光州の人たちの誠実さが窺える話だ。

映画「タクシー運転手～約束は海を越えて～」（二〇一七年／韓国）
DVD販売元：TCエンタテインメント（二〇一八年発売）
監督：チャン・フン
脚本：オム・ユナ
出演：ソン・ガンホ、トーマス・クレッチマン、リュ・ジョンヨル、ユ・ヘジン　他

世界の未来を変えた革命的生き様

「マルクス・エンゲルス」

共産党宣言が誕生するまでの激烈な日々

二〇一八年はマルクス生誕二〇〇年であり、それにふさわしい作品だ。世界史を変えた思想家マルクス(一八一八-八三)の半生を綴る。

ハイチ人のラウル・ペック監督は、マルクスの妻イェニーの献身、ジョセフ・プルードンとの論争などを織り込み、当時の状況を描く。特に労働者街の再現場面は圧巻だ。

ソ連をはじめ社会主義国の多くが崩壊した現在、マルクス・エンゲルスの映画がつくられたのを不思議に思う人は多いのではないか。

監督は、単に二人の伝記を撮りたかったわけではなく、マルクスとエンゲルスの思想が過去のものではなく、社会をより良くするという思いは不滅であるばかりでなく、永遠であると映画を通して語っている。資本家と労働者の対立が拡大し、格差が広がりつつある現代こそ、二人が投げかけた問いに応える必要性を感じたのであろう。

ドイツを追われ、フランスで亡命生活を送っていたマルクスは、労働者の解放には暴力革命が必要と洞察、ロンドンでの「共産主義者同盟」の創設に関わる。二九歳だった一八四八年に、同盟の綱領として「共産党宣言」を起草した。その二三年後にパリコミューンが出現、「プロレタリア独裁」の概念に至る。

ベック監督は、ロシア革命以後、ソ連消滅を経た現代までにマルクス主義の影響下で展開されたさまざまな国際状況をいかに捉えるか、その判断を観客に委ねている。「資本主義が発展すれば革命が起こる」というテーゼは過去に消えた。だが、金融投機中心の新自由主義の今は、圧倒的多数の持たざる者が、国境を超越して団結し、政治社会を変革する時であると。

この映画は、二人が構築した「革命の起点」を教えてくれる。

顧みて日本の現状は、若者たちがメディアのフェイクニュースに踊らされ、どう対応してよいかわからずにいる。多くの情報はインターネットを通じて入手できるが、日々の生活のなかで、自分で判断するムーブメントを失っているのではないか。

映画「マルクス・エンゲルス」（二〇一七年／フランス・ドイツ・ベルギー）
DVD＋BOOK『マルクス・エンゲルス』大月書店
監督：ラウル・ベック
出演：アウグスト・ディール、シュテファン・コナルスケ、ヴィッキー・クリーブス、オリヴィエ・グルメ若者たちが立ち上がった「雨傘運動」

「乱世備忘 僕らの雨傘運動」

この時間がいつか未来をつくる

二〇一四年、若者たちが立ち上がり、香港の代表を選ぶ「真の普通選挙」を求めて街を占拠した七九日間の記録だ。

映画の主人公たち、大学生のレイチェル、ラッキー、仕事が終わってからデモに駆けつけてくる建築業のユウなどが、路上にテント村をつくり、水を運び、そして夜には路上に寝る日々を送る。

香港に暮らす「普通」の若者たちが、「香港の未来」を探したドキュメンタリーである本作は、当時二七歳だった陳梓恒《チャン・ジーウン》監督が仲間たちと過ごした、未来のための備忘録だ。

警察の催涙弾に雨傘で抵抗したことにより「雨傘運動」と呼ばれるようになった。

陳梓恒がデモの真っただ中でカメラを回し、現場で出会った若者たちが変化していく様子を丹念に追った。思い通りの結果が出ず、悩む若者たちの素顔を写す本作は、見方によっては彼らの青春物語といえるかもしれない。運動のアジテーションもなく、リーダーもいない。テントの中で、「こんなことを思った」というようなつぶやきに近い話には特に親近感をおぼえてしまう。

八月に始まった道路の占拠は中環、金鐘、旺角・銅鑼湾に広がり、学生のハンガーストライキも行われた。日本のそごうデパート前のテントや占拠する学生たちが映る。一〇日には一万五〇〇〇人を超えるデモが政府庁舎前の幹線道路に集まった。

しかし、一二月、香港当局は警官七〇〇〇人を動員して、バリケードやテントを撤去、学生ら一五〇〇人を逮捕し、運動は七五日で事実上終止符が打たれた。多くのケガ人（死者を含む）と逮捕者を出した「雨傘革命」の終結だ。

が、若者たちの起こした運動は、五年後の二〇一九年に引き継がれることになった。いわゆる「逃亡犯条例」改定に抗議する大規模なデモだ。

「雨傘革命」は「民主主義」を求める運動だったが、今度の中国本土への容疑者の引き渡しを可能にする条例に対する反対運動は、民主化を守る運動で、六月九日のデモ参加者は一六〇万人を超えた。一九九七年に香港が中国に返還されて以来、最大級の規模で、人口の七人に一人がデモに参加している。

とうとう六月一一日に香港政府は「廃案受け入れ」を発表した。抗議行動の沈静化を促したが、時すでに遅く、今もってデモは激化し、空港占拠や、過激な衝突が繰り返されている。

デモ隊の要求は全部で五つある。

①逃亡犯条例案の撤回
②抗議活動者を「暴徒」とする見方の撤回
③警察による残虐行為の独立調査の開始
④投獄したデモ参加者の解放

⑤香港における民主的な選挙

三ヵ月で八人が自殺、三人が警察の暴力による失明、二人が重傷。一〇〇〇人以上が逮捕され、一〇〇人以上が起訴された。ケガをした人は数えきれない。これら五つの要求が充たされるまで、闘い続けるという。

香港市民の粘り強い闘いは、私たち日本人に多くのことを教えている。人々が声を上げるということの意味だ。若者から大人まで目の前の動向に注意を払い、実際の行動に加わることが求められている。

二〇二〇年五月、中国の全人代（中国全国人民代表大会）による「香港国家安全法」の制定に抗議する香港市民は再び立ち上がった。

映画「乱世備忘 僕らの雨傘運動」（二〇一六年／香港）
DVD販売元：マクザム（二〇一八年発売）
監督：陳梓桓（チャン・ジーウン）
編集：胡静（ジーン・フ）、陳梓桓（チャン・ジーウン）
音楽：何子洋（ジャックラム・ホ）
監修：倉田徹

出演：ラッキー（二三歳、香港大学で英語教育専攻）、レイチェル（一九歳、香港大学で文学専攻）、フォン（一九歳、准学士（日本の短大に相当）キリスト教徒）、ユウ（二五歳、建設会社勤務）、レイチェル（一六歳、中学生、学校が終わってから運動に参加、翌朝学校にまた戻る）

「灰とダイヤモンド」

挫折・屈折した日本の若者が見たもの

六〇年、安保闘争を闘った私たち同世代の若者たちにとって「灰とダイヤモンド」（アンジェイ・ワイダ監督、一九五八年）は決して忘失できない映画だ。ワイダ作品の主人公の多くは歴史や時代に立ち向かい、その流れを引き裂くかのように行動する人物であった。社会主義国家ポーランドのある種の特殊な事情が、そこに生きるワイダの芸術性と祖国を鋭く対峙させるかのように見えた。

「灰とダイヤモンド」の主人公マチェックもその一人だ。

一九四五年、マチェックはポーランドのある町で、戦時中はレジスタンスに参加してドイツ軍と闘ったが、今は、反政府側に属する殺し屋となった。彼は、町はずれの教会の傍で、地区委員長シチューカを暗殺しようとして誤って別人を殺してしまう。逃走した町のホテルのバーで給仕の少女クリスティーナと知り合う。

このとき、彼女の差し出した酒のグラスをカウンターの上で滑らすシーンは最も印象的だ。流れるショパンのポロネーズのバックミュージックが心に響く。

その夜、マチェックはクリスティーナと愛のひとときを楽しんだ後、委員長を尾行して暗殺を決行、ついに思いを遂げた。この夜、新政府祝賀の花火が夜空を彩るのが実に対比的だ。

クリスティーナに別れを告げ、駆け足で去るが、運悪く途中で保安隊に見つかり、必死で逃げようとするマチェックは町はずれのゴミ捨て場で射殺され、のたうち廻った挙句、息絶えた。

第二次大戦直後、急激に変動するポーランドの混乱の中で、祖国のために懸命に闘ったにもかかわらず、暗殺者としてはかない最期をとげざるをえなかった一人の青年。彼のように時代の流れから疎外され、もろくも「灰」のように崩れ去る者と、「ダイヤモンド」にも似た輝きを放って前進を続ける者との相剋を描いた若い世代の純粋な魂の動きが浮き彫りにされた。

なぜ、この映画が私たちの世代の心をそれほど捕らえたのだろうか。

ちょうどその頃、共産主義社会を金科玉条のように思っていた時代が崩壊し、スターリンの犯した数々の犯罪が明るみに出ていた。信ずる寄りどころを失った若い世代の気分が「灰とダイヤモンド」に乗り移ったのではないだろうか。

安保闘争で過激な闘争を繰り返した学生たちには、余計にその挫折感、喪失感は強く感じられたであろう。

私は、極端な喪失感はなかったが、思想的、倫理的に変革せねばならない気持ちを味わった。

以下に、ワイダ作品のなかから心に残る映画を紹介する。


「地下水道」（一九五七年、カンヌ国際映画祭審査員特別賞受賞）

四三人に減ったサドラ中尉の率いるパルチザン隊は、ドイツ軍に包囲されながらも廃墟と化した一軒家に立ち籠って戦っていた。地下水道を利用して、都心に集まるよう命令を受けたサドラは、隊員をひきつれて地下水道にもぐり進んだ。暗い迷路のような地下水道で、やっと出口が見つかったと思ったのも束の間、出口には頑丈な鉄柵がはまっていて、落胆のあまり、その場に座り込んでしまう。

サドラはドイツ軍のいない出口を見つけ、地上に出たが、後続の仲間がいないことに気づき、再び地下水道に向かっていく。

第二次大戦中、ナチスへのレジスタンスに尊い青春を捧げた人たちへの鎮魂の願いをこめて、実際にあったレジスタンスのひとコマを新鮮な感覚でリアルに映像表現して、ワイダ監督の存在を世界に知らしめた出世作。

ハラハラ、ドキドキしながら夢中に見たことを憶えている。

「白樺の林」（一九七〇年）

ワイダはロマンチストなのだ。社会主義国家と政治状況と対峙するワイダとは、まったく別の一面に驚かされる。この作品に見られるリリシズムはワイダ自身のものだ。彼は、作品の中で自分の愛と夢を謳い上げていく。

主人公のボレスワは、没落した貴族階級の出身と思われる。妻を亡くして娘とひっそりと暮らす兄のところへ、胸を病んだ弟スタニスワフが外国から戻ってくる。

映画はここから、性格も行動もまったく対照的な兄と弟のちがいを強調するように進んでいく。

弟は派手で陽気で好人物にみえる。兄は弟から見違えられるほど老け込み、暗く沈みきっている。細かいエピソードはすべて二人の対比を示すために並べられたと言っていい。

弟はつとめて明るく振る舞おうとするが、病魔は確実に肉体を侵蝕していく。兄は妻の死から立ち直れない心の痛みもあるが、死に直面してそれを逃げようとする弟をなじっている様にもとれる。兄も精神を蝕まれている。どちらも病人なのだ。

父である兄が娘マリーナを責めるシーン、声を立てずに涙を流す少女の姿が痛々しい。

ワイダの語り口は淡々ともの静かだ。それを美しい白樺の描写がつないでいく。時間をつなぎ空間をつなぐショットのようにみえながら、白樺の叙景は人物の感情や心理に呼応している。

兄弟は同じマリーナへのエロスを通して、それぞれの願望を達成しようとする、脱出願望がワイダの永遠のテーマを象徴するようだ。

それにしても、なんという悲痛なドラマだろう。

生と死と性を向き合わせて、否応なしに訪れる弟の死で物語を完結させる。

常にはげしく生きるワイダの映画をみてきた私たちは、一見それがワイダかと疑うが、その流麗な叙景映画のみごとな様式に、もう一つのワイダ映画の流れを見い出す。「二十歳の恋」「婚礼」などども同じ作品群であろう。

「カティンの森」（二〇〇七年）

長年隠されてきたこの事件に世界の注目が集まったのは、七〇年の虐殺事件でポーランドの大統領が事故死したおかげだったのは皮肉なことだ（「ニューズウィーク」より）。

第二次大戦中の一九四〇年、ソ連の捕虜となっていた二万二〇〇〇人ものポーランド将校らが、ロシア領内のカティンの森で殺害された。手を下したのはKGB（ソ連国家保安委員会）の前身NKVD（内務人民委員部）だ。

ソ連の独裁者スターリンの命令によるもので、ポーランドを背負って立つであろう人材を根絶させておこうという恐るべき判断であった。

当時、ソ連は「ナチスの仕業だ」と平然と反論していたが、後にゴルバチョフ大統領が自国の犯行を認め、ポーランドに謝罪した。

父を殺されたワイダにとって、どうしても撮っておかなければならない映画であった。

ポーランド軍に属する将校の約半数に当たる犠牲者は、カティンなど三ヵ所に埋められた。彼らはなぜ虐殺されたか。

第一の理由に、一九二〇〜一九二一年のポーランド・ソビエト戦争で敗れ、スターリンがポーランドに強い不快感を抱いていたことがある。

第二に、独ソ戦開始後、ドイツ軍を追いつめてポーランドの解放を進めていたソ連が大戦後のポーランドに影響を強めたと考え、イギリスと協力しているロンドンの亡命政府の指示で、国内に残っていたポーランド軍の抹殺を図ろうとしたことだ。

一九四四年、亡命政府に呼応したワルシャワ市民が蜂起したが、ソ連軍はワルシャワ近郊まで進出していながら、ワルシャワ蜂起を支援せず、見殺しにし、多くの市民の犠牲者を出すという悲劇が起こった。

二〇〇〇年に、ロシア・ポーランドの共同で建てられた慰霊施設の式典に招かれたワイダは、「事件から七〇年、遺族も高齢化している。事件の記憶を無くさず、正しく伝えるために映画を撮った。歴史の証人としてポーランドとロシアの和解が進むことを期待する」と述べた。

映画では、見ている者が目を覆いたくなるようなリアルな殺人シーンが多くあり、その酷さが胸に響く。

スターリンの犯罪とこれを許容したソ連政府の本質については、別に論ぜねばならないだろう。

映画「灰とダイヤモンド」（一九五八年／ポーランド）
DVD販売元：KADOKAWA（二〇一八年発売）
監督：アンジェイ・ワイダ
出演：ズビグニエフ・チブルスキー、エヴァ・クジジェフスカ、バクラフ・ザストルジンスキー　他

一台のバイクに二人で南米大陸縦断

「モーターサイクル・ダイアリーズ」

大志と夢を持ったゲバラ青春の旅

一九五二年、アルゼンチンのブエノスアイレスに住む医大生ゲバラは、喘息持ちにもかかわらず、七歳先輩の「生化学者」アルベルト・グラナードと共にバイクにまたがり、一万二〇〇〇キロの南米大陸縦断旅行に出た。

この映画の総指揮は、なんとあのロバート・レッドフォードだ。彼自身、若い頃に放浪生活を送った経験から、どうしてもこの映画をつくりたかったのだろう。

かくいう私も、若きゲバラのバイク青春旅行に、憧憬以上の心情を痛烈に感じてしまった。ただ、残念なことに映画が封切られたのが二〇〇四年で、私は六六歳、ゲバラの真似をしようにもいささか年をとりすぎていた。

それでも、友人の高橋君（彼とは北海道や日本中を一緒にバイク旅行した）に誘われて、藤沢のホンダドリーム店で格好のバイクを購入した。

この話をやはり大学時代の友人S君（彼もバイクに乗る）に話したら、「気持ちわかるよ。どうせやるなら、ゲバラと同じ南米を回ってみたら？」と言われた。

今よりもう少し若い頃、私もマウンテンバイクに乗り、オフロードを走ったこともあるが、さすがにムリと即断、代わりに北海道をひとりで回ることにした（他の場所でも書いたが、北海道炭坑事故の災害後の現場や「再建団体」に転落した夕張市などを訪問した）。

さて、映画「モーターサイクル・ダイアリーズ」に印象的な場面はたくさんあるが、チリのチュキカユタ銅山の労働者とマテ（茶）を飲みながら語るところ、彼が牢屋で過ごした三ヵ月のことや、失踪してしまった共産党の仲間たちが海に沈められたことなどを聞く場面が特に心に残った。

サンパブロ・ハンセン療養所では、医療の勉強をしながら寄宿し、献身的に治療に貢献する。

そこで、彼の誕生祝いが催され、そのお返しとして発した言葉。

「私たちは、メキシコからマゼラン海峡にかけて顕著な民族的特性を示す、一つの混血民族を形成しています。ですから、心貧しい地方主義の重荷など打ち捨て、ペルーと、統一されたアメリカに乾杯します」。

彼の演説に大きな拍手がわき起こって、朝の三時頃までアルコールパーティーは続いたとある。

ここで、命の儚さ、人生の深さ、人々の心の温かさに触れる。

旅の後半では、世の不条理や理不尽に立ち向かうゲバラの姿が描かれ、後に革命家となるゲバラの信念が培われたことが教示される。

周知のように、ゲバラはフィデル・カストロと共にキューバ革命を成就させた後、再び革命の地として選んだボリビアで、一九六七年に壮絶な死を遂げる。

「真の革命家は偉大なる愛によって導かれる」と発言したチェ・ゲバラは、南米では伝説的・象徴的存在として、死後五〇年以上経った今でも、多くの人々の心の中に生き続け、世界中の人たちから愛されている。

最後に、私の最も好きな「チェ・ゲバラ　別れの手紙」（『チェ・ゲバラ伝』三好徹訳、所収）から、フィデル・カストロに送った一文を紹介しよう。

いまこの瞬間に、僕は多くのことを思い出している。マリア・アントニアの家で初めて君に逢った時のこと、僕に一緒にこないかと誘ってくれた時のこと、そして準備をすすめている時のあの緊張の全てを。

あの日死んだ場合には、誰に知らせたらよいか、と訊かれたことがあった。

そして、そういう現実の可能性に、僕らはみなうちのめされてしまった。

その後僕らはそれがあり得たことで、革命においては――それが真の革命であれば――人は勝利を得るか死ぬかだということを学んだのだ。多くの同志が勝利にいたる道程で倒れてしまった。

今日ではあらゆることがさほど劇的には感じられないが、それは僕らが成熟したからで、現実は繰りかえされているのだ。

僕はキューバ革命において、その地で僕に課せられた義務の一部を果したと思う。で、君に、同志に、そして君の、今は僕のものである国民に別れを告げる。

党指導部における地位、大臣の地位、少佐の位階、キューバの市民権を、僕は公式に放棄する。法的に僕をキューバに結びつけるものは、もう何もない。といっても辞令を出せばできるようには、あっさりと断ち切ることのできぬ種類の絆は残るが。

過去をかえりみると、革命の勝利を不動のものにするために、僕は誠実かつ献身的にこれまで働いてきたことを信じている。

（中略）

いま世界のほかの国が僕のささやかな力添えを望んでいる。君はキューバの責任者だからできないが、僕にはそれができる。別れの時がきてしまったのだ。

喜びと悲しみのいりまじった気持で、こんなことをするのだと察してほしい。

僕はこの地に建設者としての希望のもっとも純粋なもの、そして僕がもっとも愛している人々を残して行く……。

また僕を息子のように受け入れた国民からも去って行く、それは僕をとっても悲しい気持にするのだが。

僕は新しい戦場に、君が教えてくれた信念、わが国民の革命精神、もっとも神聖な義務を遂行するという気持をたずさえて行こう、帝国主義のあるところならどこでも戦うために、だ。

（中略）

もし異国の空の下で最後の時を迎えるようなことがあれば、僕の最後の想いは、この国の人々に、特に君に馳せるだろう。

君の与えてくれた教えやお手本に感謝したい。そして僕の行動の最後まで、忠実であるように努力するつもりだ。

（中略）

自由を求める人々が、僕のささやかな努力を望む限り闘いつづける。

永遠の勝利の日まで。

祖国か死か。

ありったけの革命的情熱をこめて君を抱擁する。

エルネスト・チェ・ゲバラ

映画「モーターサイクル・ダイアリーズ」（二〇〇三年／イギリス・アメリカ・ドイツ・アルゼンチン・ペルー）
DVD販売元：アミューズソフトエンタテインメント（二〇〇五年発売）
総指揮：ロバート・レッドフォード
監督：ウォルター・サレス
出演：ガエル・ガルシア・ベルナル（ゲバラ）、ロドリゴ・デ・ラ・セルナ（アルベルト・グラナード）

サンダースに負けない山本太郎
Beyond《ビヨンド》 the《ザ》 Waves《ウェイブズ》 & 山本太郎トーク

消費税をなくそう！

この映画は映画館では上映していないが、ぜひ多くの人に見てほしい。山本太郎が、わかりやすく図表で示しながら、いまの日本で不平等と格差がどれほど拡大しているかを説明している。同じ内容を私は三度ほど街頭で聞いた。一度は東京の新宿駅前で、数千人の人々が最後まで聞きいっていた。品川の駅前でも同様だった。新橋の駅前では一時、山手線がストップしてしまうほど大勢の人たちが集まった。

いま、コロナウイルスの関係で集会は中止になったが、それまで、山本太郎は全国でスピーチを行い、行く先々で前回の参議院選挙時を上回る大勢の人々に熱狂的に迎え入れられているという。安倍政治に飽きあきした人たちが、いかに山本太郎に期待の目を向けているかを物語っている。それはとりもなおさず、安倍政権による生活破壊、腐敗への憤りが限界に来ているからであろう。山本太郎の掲げる高等教育の無償化、医療・介護への予算投入、低賃金打破、軍事費削減などの民主的要求が若い人から年配の人まで幅広く受け入れられているのだ。

いま、彼が一番力を入れているのが消費税減税で、ブログで詳しく説明しているが、消費税を増やせば増やすほど、一般市民は困窮化し、大企業や富裕層ほど有利になる実態を明らかにしている。

山本は、安倍政権が消費増税分は社会保障に組み込むといったウソ（たった一六%）をバクロし、これは完全な詐欺行為だと主張する。

一方、アメリカの大統領の民主党予備選挙において、民主主義的社会主義を公言するバーニー・サンダースが、公立大学無償化、時給一五ドル、財源を富裕層への課税や金融取引税に求めている点は、日本の山本太郎の主張と軌を一にする。

山本太郎 氏　©sophimages

アメリカでは、上位一%の富裕層がもつ資産は全体の三二%（三八〇〇兆円）、下位五〇%の人々の資産は一・六%だ（二〇一九年七～九月米連邦準備制度理事会統計）。

市民は格差、不平等に苦しみ、サンダースの政策支持の割合は一八～三四歳では五〇%を超える。

日本の若者たちが、アメリカにすがりつく日本の政治の矛盾に早く気がつき、行動を起こすために山本太郎の奮闘に期待したい。

映画「Beyond the Waves」（二〇一八年／ベルギー）
監督：アラン・ドゥ・アルー（「チェルノブイリ・フォーエバー」「福島へようこそ」）

あとがき

言うまでもないが、映画は世界の動きをリアルタイムで見られる最高のドラマだ。

テレビが今ほど普及していない小学生時代に、住まいから一時間ほど歩いて東京・巣鴨の映画館で観たのが、私の映画初体験だった。確か美空ひばり主演で、映画館は満員だった。座席より一段下がった通路に並んで座って観た記憶がある。

以来、私の映画好きは文字通り病膏肓に入る類のものとなり、高校生になって松本君という同好の士を得ると、いよいよ本格的になった。とはいえ、何しろ学生運動をする傍らなので、見逃す映画も多かった。彼と好みは一致していて、洋・邦画を問わず、娯楽作品であっても常に社会問題を描いている点だった。したがって、お分かりのように、私の紹介した作品は見方によっては、大変偏っているかもしれない。

ともあれ、いまはビデオで、茶の間でも観ることができる環境は誠に幸せだ。観たい映画が次々出てくるので間に合わないという嬉しい悲鳴を上げている。本書刊行時には、本当は書きたい作品が多く世に出ているであろうが、またの機会に譲ろうと思う。

ただし、本文ではやはりご案内できなかったが、アメリカで放送されたテレビドラマ「チェルノブイリ」は是非観てほしい（ビデオで鑑賞可能）。推定死亡者数四〇〇〇人とされる原子力事故の際、事故を隠ぺいしようとするソ連政府と、命がけで放射能汚染を抑える人たちの困難な闘いの実態を描いた作品だ。


個人的なことになるが、私がチェルノブイリを訪れたのは事故から数年過ぎた頃だった。原子炉は石棺に入れられていたが、放射能の影響で子どもたちに白血病やがんなどが多発していた。

こうした状況に対して少しでも役に立ちたいと、ゴルバチョフ夫人のライザさんを通して医薬品の援助を行った。そのライザ夫人も度々チェルノブイリを訪れ、放射能の影響か一九九九年に亡くなった。夫人との通訳をしてもらった米原万里氏も、二〇〇六年に五六歳で亡くなった。万里さんに本書をお見せできないのが大変残念だ。


本書の完成までに、何人かの方たちのご尽力をもらった。私の悪筆を取り敢えず見られるようにワープロで起こして頂いた丸山哲郎さん。原稿の送信などで協力してもらった友人の浦田義純君。そして、明石書店の神野、武居様、お二人には大変お世話になった。

神野さんとは不思議なご縁で、本書にも出てくる今は亡き高取君の「月蝕歌劇団」のお芝居をご覧になったとうかがった。武居さんには、実務を引継がれる前にいろいろご面倒をおかけした。最後になるが、武居さんのお力がなければ、本書の誕生はなかったでしょう。皆さんに心から感謝申し上げる。

二〇二〇年五月

山田 和秋

［著者］

山田 和秋（やまだ・かずあき）YAMADA KAZUAKI

1961 年　早稲田大学第一文学部卒業。

1963 年　出版社を起こし、旅、音楽、詩などの出版を手掛ける。

1990 年　日ロコミュニケーション設立。日本・ロシアの文化交流を行う。
チェルノブイリの子どもたちに医薬品援助。経済シンポジウム開催など。

1991 年　モスクワに「今日の日本社」設立。ロシア語雑誌『今日の日本』発行、
現在にいたる。

現　在　「21C を考える会」「60 年安保の会」「早稲田の杜の会」代表。

著書に『「青年歌集」と日本のうたごえ運動──60 年安保から脱原発まで』（明石書店、2013 年）がある。

映画を観ることは社会を知ることだ
──「愛と怒りと闘い」の記録

二〇二〇年七月一日　初版第一刷発行

著　者──山田和秋
発行者──大江道雅
発行所──株式会社 明石書店
〒一〇一-〇〇二一　東京都千代田区外神田六-九-五
電　話　〇三-五八一八-一一七一
ＦＡＸ　〇三-五八一八-一一七四
振　替　〇〇一〇〇-七-二四五〇五
http://www.akashi.co.jp

装幀　明石書店デザイン室
印刷・製本　モリモト印刷株式会社

（定価はカバーに表示してあります）　ISBN 978-4-7503-5044-8